读故事,
学三十六计

张艳玲◎编著

民主与建设出版社
·北京·

图书在版编目（CIP）数据

读故事，学三十六计 / 张艳玲编著. — 北京：民主与建设出版社，2018.2

ISBN 978-7-5139-1937-1

Ⅰ.①读⋯ Ⅱ.①张⋯ Ⅲ.①兵法 – 中国 – 古代 – 通俗读物 Ⅳ.①E892.2–49

中国版本图书馆CIP数据核字（2018）第019830号

读故事，学三十六计
DU GUSHI，XUE SANSHILIUJI

出 版 人：许久文
编　　著：张艳玲
责任编辑：王　倩
出版发行：民主与建设出版社有限责任公司
电　　话：（010）59419778　59417747
社　　址：北京市海淀区西三环中路10号望海楼E座7层
邮　　编：100142
印　　刷：三河市天润建兴印务有限公司
版　　次：2018年4月第1版
印　　次：2018年4月第1次印刷
开　　本：710mm×1000mm　1/16
印　　张：17
字　　数：130千字
书　　号：ISBN 978-7-5139-1937-1
定　　价：39.80元

注：如有印、装质量问题，请与出版社联系。

前 言
PREFACE

"瞒天过海""趁火打劫""声东击西""无中生有""顺手牵羊""打草惊蛇""抛砖引玉""美人计"……"三十六计，走为上"，这些词你都听说过，甚至还常说呢，是吧？是的，这就是我们常说的"三十六计"。

"三十六计"之名源于南北朝，成书于明清。它是根据我国古代卓越的军事思想和丰富的斗争经验总结而成的书，是前人关于战争及其相关的政治、经济和日常生活等社会现象的本质特点和内在规律的理性认识，是中华民族的悠久文化遗产之一。

三十六计每一计都是奇谋妙计，是古人无穷智慧的结晶。在我国古代，历来有重视兵法谋略的传统，三十六计正是我们祖先总结前人兵法精华，概括而成的六套计策。三十六计又分为六套，其中，前三套——胜战计、敌战计、攻战计主要是针对处于优势地位时使用的，它会帮助我们锦上添花，取得更大的胜利。后三套——混战计、并战计、败战计则是指处于劣势时使用的，它可以帮助我们反败为胜，出奇制胜。每一计解说的后面还有按语，都是我们古代的大军事家，比如孙武、吴起、尉缭子等人的精辟语录。从三十六计流传以来，很多军事家利用它，在战争中取得了一次又一次的精彩胜利。

三十六计抽取了《孙子兵法》的精髓，导入了《易经》的规则，彰显了道家的大气，体现了儒家的关怀，堪称中华民族战略运筹智慧的代表，其中所蕴含的哲理已经不仅仅局限于在战争中的使用，无论是变化莫测的商海，还是纷繁复杂的人际关系，抑或是尔虞我诈的官场都有着非常重要的指导和借鉴意义。

今天，我们更注重把三十六计作为一种智慧之学，我们研读它，也不是狭隘地想事事占尽先机，处处胜算，为自己谋取最大的私利，而是从中学习古人的智慧，掌握更丰富的知识，并悟出其中做人的道理，反观自己，更好地适应这个社会。

经济学大师彼得·德鲁克认为："任何组织想要取得成功，都必须拥有一套自己的事业理论。"智慧是惠人惠己的哲学。研读三十六计，可以让我们找到通往成功的蹊径。借鉴前哲，读出自己，读懂人生。

目　录

CONTENTS

第五套

并战计

第六套

败战计

总 说

原文

六六三十六，数中有术，术中有数。阴阳燮理，机在其中。机不可设，设则不中。

按：解语重数不重理。盖理，术语自明；而数则在言外。若徒知术之为术，而不知术中有数，则术多不应。且诡谋权术，原在事理之中，人情之内。倘事出不经，则诡异立见，诧世惑俗，而机谋泄矣。或曰：三十六计，每六计成为一套。第一套为胜战计，第二套为敌战计，第三套为攻战计，第四套为混战计，第五套为并战计，第六套为败战计。

释义

六乘以六等于三十六，在实际情况的发展中蕴藏着计谋，而计谋的运用也离不开客观的实际情况。阴阳法则的调理与转化，机谋权变便从中产生。所以，机谋不可以任意设计，否则就会背离规律，就会失败。

按："总说"的阐释重视的是客观规律而不是一般道理。因为通过语言可以把道理阐述明白，而客观规律却是瞬息万变，不能限制在语言之内。如果只知为计谋而计谋，却不知计谋离不开客观规律，计谋的运用往往就不灵验。而且，诡诈的计谋和权变的手段本来就在事理之中、人情之中。如果违背这一原则，奇异之处立刻就会显现，引起人的警觉，计谋也就暴露了。

所以说，三十六计按战争形势的不同，每六计组成一套。第一套为胜战计，第二套为敌战计，第三套为攻战计，第四套为混战计，第五套为并战计，第六套为败战计。

第一套
胜战计

　　胜战，是在我方处于绝对优势地位的条件下，谋算对手势力的变化，弄清对手是防备周全、明了形势，还是初陷困境、危机四伏、指挥无度。掌握敌我情况后，要区别对待。此篇六计要求在战前先具备胜利的条件、胜利的方案和胜利的把握。即使是这样，也不能掉以轻心，稳坐钓鱼台，因为瞬间的疏忽都可能招致失败，所以，必须利用有利条件，达成最好的结果。

01 第一计　瞒天过海

原文

备周则意怠，常见则不疑。阴在阳之内，不在阳之对。太阳，太阴。

按：阴谋作为，不能于背时秘处行之。夜半行窃，僻巷杀人，愚俗之行，非谋士之所为也。

释义

以为防备周密，往往会思想麻痹，松懈大意；平时司空见惯的事物，往往会忽略了其中的可疑之处。计谋隐藏在故意暴露给敌人的军事假象中，表面现象和它所隐含的军事动机融合统一，而不是互为排斥。这就是《周易》太阳、太阴所表述的道理：毫无遮掩的表面现象内，蕴藏着非常诡秘的军事谋略。

按语：隐秘难测的计谋，要选择适当的时机，不要在阴暗偏僻的地方偷偷摸摸地实施。半夜里行窃，在偏僻的巷子里行凶杀人，这是愚蠢的俗人伎俩，有韬略的人是不会这么做的。

传世典故

相传，贞观十九年（645）唐太宗率兵30万向辽东进军。大军到达海边，太宗举目远眺，沧海茫茫，波浪滔天，顿时心生恐惧，后悔当初不听劝。

宫廷总管张士贵只好请来大将薛仁贵，薛仁贵忙献计说："我有一计，可以让千里海水到明天就不见了，皇帝和大军如同走在平地上，平平安安渡过大海。"接着，薛仁贵拜见太宗，说："在附近的海面上，有一位大富豪，愿为唐军供粮草。"太宗忙宣富翁觐见。富翁请求太宗到海边去亲验，文武百官随皇帝一起来到海边，进入海边的一座彩色营帐，命文武百官饮酒作乐。一时歌舞升平，美酒飘香。太宗完全沉浸在欢乐之中，忘记了身在大海边。

君臣宴饮酒酣之际，太宗觉得，帷幕被风吹得呼呼响，还有

波涛汹涌之声，便急忙揭开帐幕向外张望。这才发现自己与30万大军正在乘船渡海，太宗忙问是怎么回事，张士贵起身答道："这是渡海的谋略，借着风势到海岸。"很快，太宗和30万大军就到了对岸。薛仁贵担心太宗因大海阻隔而放弃东征，便瞒着他指挥大军渡海。因为皇帝贵为天子，所以叫作"瞒天过海"。

"瞒天过海"是一种示假隐真的疑兵之计。在战争中，它是一个利用人们存在常见不疑的心理状态，进行战役伪装，隐蔽军队集结和发起进攻企图，以期达到出其不意的计谋，出奇制胜。"瞒天过海"之计也常常被人们用于政治领域。比如，战国时期的大商人吕不韦就以此计导演了一场惊天动地的大事件。

吕不韦出生于卫国，人们最早知道他是作为一个大商人。他遵循着"贩贱卖贵"的原则，而致"家累千金"。他成了一个巨富，谁见了他都得低头，他实在是太富有了，以至于王公贵族都得高看他一眼。

也许是多年商海生涯的训练，吕不韦练就了一种特殊的直觉，只要是他目光所及，都可以成为他生利之物，对利益的权衡使他具有高于一般商人的独特的见识。

《战国策·秦策》记载，有一年，大商人吕不韦到赵都邯郸，遇到了秦昭王的孙子异人，这个异人此时正在赵国做人质。想不到这次相遇竟成为吕不韦一生的转折点，并且使他以政治家的身份，留在了历史书上。

吕不韦回到家就问他的父亲："耕地种田，能见利多少？"

父亲漫不经心地答道："年成好了，不过十倍吧！"

"那么，贩卖珍珠宝石能赢利几倍？"

老父亲刚要顺口应答，忽然觉得儿子这趟回家怎么有点儿不对劲儿，他走南闯北，什么东西的行情还不都烂熟于心？父亲抬头看看儿子，莫名其妙地说："大概能赢利百倍吧？"

吕不韦又问："扶持出来一个国家的君王，利润几何呢？"

父亲说："立国家之主，那是经营天下，利润无以数计！"

吕不韦听罢，哈哈大笑，父亲不解地问："你为什么笑啊？"

吕不韦答："遇奇货，可居也。"

从此，吕不韦就开始经营起秦国公子异人这个"奇货"。

异人作为秦赵两国邦交的人质，日子非常难过。当时的秦国正处在大逞虎狼之心，远交近攻，争霸天下的野心膨胀时期。它与赵国的外交结盟已经名存实亡，秦国连年举兵侵略赵国，异人自然不受赵国待见，而且时时刻刻面临着被赵国报复的生死存亡的威胁。生活上，异人也是车马凋敝，开销不支，整天浑浑噩噩地混日子。

既然认定了异人是"奇货"，吕不韦就想方设法地接近异人。

没有客套，也没有投石问路的试探，吕不韦开门见山地说："我能够光大公子您的门庭。"

接着，吕不韦为异人分析了当时的形势，说将来秦国的王位有可能落在异人的身上，然后，又自告奋勇，自掏腰包赴秦游说。几经周折，吕不韦用重金买通了华阳夫人的姐姐，劝说妹妹华阳夫人将异人立为嫡子，将来继承大业，华阳夫人便在自己的丈夫、异人的父亲安国君面前恳求立子楚为嫡子，安国君乐得送夫人一个人情，便答应了她的请求。

吕不韦的第一步计划顺利实现。

随后，安国君夫妇置办了一份丰厚的礼品送给异人，并且请吕不韦辅助他。

异人因此名声大振，在诸侯各国享有盛誉。

以富有著称于邯郸的吕不韦，娶了赵国都城美丽漂亮倾国倾城能歌善舞远近驰名的女子赵姬，很快这个娇美无比的小女子就有了身孕，吕不韦听说赵姬怀孕了，喜不自禁地说："天助我也。"

一天，异人来吕不韦的商号饮酒，一眼就看上了楚楚动人的赵姬。三杯两盏老酒下肚，异人立起身子，五脏六腑的血液都涌上了头顶，充了血的脸庞热辣辣的。他竭力想平静住沸腾的心胸，却怎么也抑制不住内心的激动，给吕不韦敬酒的双手哆哆嗦嗦，一腔欲火烧得他身不由己地向吕不韦提出了大胆而冒昧的要求。他请求恩人吕不韦割爱，将赵姬赏给自己。

吕不韦勃然大怒。但是，愤怒中的吕不韦毕竟是个商人，商人的头脑里永远打的是成本与利润的算盘。精明的吕不韦眼皮一眨，计上心头："自己已经为异人破费了千金家产，目的不就是要钓这个"奇货"嘛，不如顺水推舟，干脆献上赵姬，为成就这笔买卖再压上个重重的砝码！"于是，赵姬成了异人的夫人。

跟吕不韦共同生活过的女人，即便是个傻子也能一觉醒来七窍顿开。精明的赵姬被吕不韦短暂的同居史熏陶得聪明绝顶；吕不韦的心思她不仅不言自明，还非常识相地隐匿了身怀六甲的事情。

十月怀胎，一朝分娩，赵姬生下了日后统一四海、开创中国两千多年封建社会帝王专制传统的秦始皇帝——嬴政，于是异人将她正式立为夫人。

公元前251年，秦昭王去世，太子安国君继立为秦王，即秦孝文王，华阳夫人为王后，异人为太子，赵姬则名正言顺地作了太子妃。

秦孝文王即位才一年，就因病去世了，当时，32岁的异人做了秦国国君，是为秦庄襄王，立嬴政为太子。

4年后，庄襄王驾崩，嬴政年仅13岁，吕不韦扶他坐上了国君宝座。嬴政尊赵姬为王太后，吕不韦为国相，掌管国家政务，并封他为文信侯。

吕不韦囤积居奇，终于用千金投入换取了把整个秦国掖入私囊的回报。吕不韦由贩贱卖贵的商人，一路瞒天过海，登上了权倾天下的强秦丞相之位。

智慧品读

"瞒天过海"就是利用行为定势、情绪定势和思维定势，回避矛盾，绕开困难，游刃有余地处理问题的智慧。"瞒"是达到"过海"的手段，而"过海"是目的。在表面上装作就要采取行动，使对方保持警戒之心，但实际上却不采取任何行动。总之，千方百计地采取各种措施，使对方麻痹大意，从而战胜对方，顺利"过海"。

02 第二计　围魏救赵

原文

共敌不如分敌，敌阳不如敌阴。

按：治兵如治水：锐者避其锋，如导流；弱者塞其虚，如筑堰。如当齐救赵时，孙膑谓田忌曰："夫解杂乱纠纷者不控捲，救斗者不搏撠。批亢捣虚，形格势禁，则自为解耳。"

释义

攻打集中的敌人，不如使敌人兵力分散；与强大的敌军正面对抗，不如攻击它的薄弱环节。

按语：对敌作战，好比治水：敌人势头太强，就要避其锋芒，如用疏导之法分流；对势力较弱的敌人，就抓住时机消灭它，如筑堤围堰，不让水流走。所以当齐救赵时，孙子对田忌说："想理顺乱丝和结绳，只能用手指慢慢去解开，不能握紧拳头去捶打。排解争斗，不能参与搏击。对敌人，应避实就虚，攻其要害，使敌方受到挫折，受到牵制，围困可以自解。"

传世典故

公元前400年，魏惠王继位以后，继承文侯、武侯的霸业，继续积极地向外扩张。魏国的勃兴和称霸，直接损害了楚、齐、秦等其他大国的利益，引起这些国家的普遍恐惧和忌恨，其中尤以齐、魏之间的矛盾最为尖锐。

齐国自西周以来一直是东方地区的大国。公元前356年，齐威王即位后，任用邹忌为相，改革吏治，强化中央集权，加强国防建设，国势日渐壮大。面临魏国向东扩张的严重威胁，它就积极利用赵、韩诸国与魏国之间的矛盾冲突，展开了对魏的激烈攻势。

公元前354年，赵国出兵攻打毗邻的小国卫国，打算通过武力征服使它成为自己的附庸国。在这之前，卫是魏国的附属国，经常朝拜魏王，并且还向魏国交纳赋税。赵国掠走了卫，就意味着魏国的军事、外交、经济等各方面蒙受了损失，魏国当然不肯善罢甘休。

于是，魏惠王挥师伐赵，包围了赵国的都城邯郸。

陷入魏国重围的邯郸情况十分危急，赵王向齐国求救。此时，大军事家孙膑正在齐国。孙膑与魏国大将庞涓本是鬼谷子的学生。庞涓嫉妒孙膑的才学，设计把孙膑骗到魏国，诬陷孙膑使他获刑，被斩双足，幸亏齐国使者搭救，孙膑才逃到齐国，受到齐威王的重用。

齐威王决定出手救赵，以孙膑为军师，为主将田忌出谋划策。

由于邯郸危急日甚一日，随时有被攻陷的可能，田忌打算率领

军队直趋赵国都城，以解赵国燃眉之急。

孙膑否定了田忌的计划，他给田忌分析赵、魏的战局说："解开纠缠不清一团乱丝般的东西，得用手慢慢地理出头绪，而不是攥紧拳头一锤砸去就能奏效的；解救赵国之围，就像劝止别人打架，劝架的人不必参与进去。解围的诀窍是，抓住敌人关键的地方，避实就虚，击其要害，这样就能控制住整个战局，激烈复杂的战争冲突自然就解决了。现在魏、赵两国陈兵对阵，竭力厮杀，魏国的精兵劲旅肯定是倾巢而出，留守国内的不过是些老弱病残罢了。您不如统率大军直捣魏国都城大梁（今河南省开封市），占据它的交通要道，袭击它守备空虚的薄弱环节，那么，它们侵入赵国的大军必然放弃邯郸之围回救大梁。这样，我们既可以解救邯郸之围，又可以调动魏国军队从黄河之北的邯郸趋赴黄河之南的大梁，让它疲于奔命。"

田忌听从了军师孙膑的这番制胜韬略，率领齐军开赴大梁。齐军浩浩荡荡，如入无人之境，顺利地形成了对大梁的围攻之势。

魏国军队围攻邯郸经年，在濒临精疲力竭的时候攻破了邯郸，还没来得及喘息，齐军进攻大梁的消息就传到了前线。魏将庞涓立即拔营回军，回救大梁，准备跟来犯的齐军交战。

孙膑在魏国军队撤退的必经之地桂陵（今河南省长垣县西南）埋下伏兵，以逸待劳。当长途跋涉、人困马乏的庞涓部队与士气旺盛的齐军遭遇时，刚一交锋，就被打得七零八落。庞涓只好收拾余部，撤回了大梁。

这就是历史上有名的"围魏救赵"的故事。

魏军虽在桂陵之战中严重失利，但是并未因此而一蹶不振，而仍具有蔚为可观的实力。13年后（前341），魏国又挟持赵国挑起了侵略韩国的战争。韩国位于魏国的西南，是战国七雄中比较弱小的一个。韩国自然不是魏的对手，危急中遣使奉书向齐国求救。

齐威王征求孙膑的意见，孙膑便胸有成竹地谈了自己的看法。他说："韩魏两个国家的战争才刚刚开始，它们双方的军事力量都还没什么大的损伤，这时出兵相救等于我们代替韩国承担抵御魏国的强劲攻势，又好像我们是听从韩国的调遣。况且魏国有倾其国力不惜代价不败韩国决不罢休的来势，韩国眼睁睁地看着自己将沦陷敌国，肯定遣使求救于我国。"

接着，孙膑向齐威王进献了具体的战略措施："现在，我们应当私下里许诺韩国，出兵相救，跟它结交深厚的感情，但却不必马上出兵。韩国有了我们的救援指望，必定增强战斗信念；魏国军队遭遇了韩国的拼命抵抗，实力也一定会有相当大的消耗。等形成了这种两败俱伤的局面，我们再举兵赴战，打败魏国可以说是稳操胜券！这样，不仅能够轻而易举地享受很重要的军事利益，而且更能在山东各国享有很高的威望。"

"妙！"齐威王对孙膑的这番计谋啧啧称赏，连连赞叹："妙计，妙哉！"

齐威王按照孙膑的谋略秘密召见了韩国使臣，表示齐国不会辜负韩国的期待，将出兵救援，希望韩国在援军开赴战场之前全力抵抗。

齐国承诺救助，韩国深受鼓舞，反侵略战争的士气更加高涨，连续五次发起对魏国军队的猛烈反攻。虽然五战五败，但却使魏国军队遭到了重创，付出了不小的军事代价。渐渐地，韩国也支撑不住了。

韩国使臣又一次来到齐国，只好把自己的国家托付给齐国，请求赶快出兵。

齐威王见时机成熟，决定出兵救韩。

像13年前的围魏救赵一样，齐威王仍拜孙膑为军师，任命田忌为主将，田婴为副将。

田忌根据孙膑"批亢捣虚"的战略思想，再次设下了"围魏救赵"之计。

田忌按照军师孙膑的谋划，统领大军直接向魏国都城大梁进发。

魏将庞涓得到齐军将偷袭后方的消息，立刻放弃了攻韩的一系列战略部署，撤军回国。这时，齐国的军队已开出国门，长驱直入踏上魏国土地了。

孙膑已经掌握了庞涓回师迎敌的情报，于是对田忌说："魏国的军队一向自以为强悍勇敢，根本瞧不起我们齐国军队，齐国因而被称为胆小懦弱，善于作战的将领应该利用这种情势，因势利导。兵法上说，以急行军赶路百里去争夺战胜之利，部队肯定会疲惫劳顿，连它们的主将也有被折损的危险；以急行军五十里争利，不过能有半数兵力赶到目的地。而今，庞涓轻装急进，日夜兼程，恨不得一口吃掉我们，这是兵家大忌。"

田忌认为孙膑的分析非常正确，问孙膑说："那么，当此关头，我们该怎样对付劳师袭远的庞涓呢？"

"将计就计，我们故意装出胆怯懦弱的样子，骄纵庞涓，蛊惑敌人军心，诱使它轻敌冒进。"接着，孙膑又做出了具体的实施计划，"现在，我军立刻掉头撤退。撤退过程中，第一天宿营时筑起可供10万人马烧饭用的炊灶，第二天减少到5万灶，第三天减为3万灶，给敌人造成我军兵士不断逃亡的错觉，进一步助长它轻敌麻痹的情绪。"

果然，庞涓尾随齐军三天，紧追不舍，发现齐军宿营用餐的炊灶一天比一天少，起初密密麻麻10万炊灶，三天后稀稀落落不过3万灶坑。他得意洋洋地说："我早就知道齐军是些胆小怕死的可怜虫，进入我们魏国才三天，士卒就逃亡过半了！"

庞涓得意忘形，以为洗雪桂陵战败耻辱的时刻到来了。根据自

己的判断，他立刻命令丢弃步兵和辎重，只带领了一支精选的劲健轻骑部队，以一天赶两天路程的速度拼命追赶齐军。

齐军这时已退至本国境内，孙膑计算庞涓的行程，当晚应当抵达马陵（今河北省大名县东南）。

马陵路狭道窄，是条蜿蜒于高丘中的小路，两旁林木丛生，布满天然险阻，是设置伏兵袭击敌人的上选之地。再加上漆黑一团的夜色，也是出奇制胜的最佳天时。

孙膑决定选在此地此时消灭庞涓。他让田忌命令士兵砍倒路旁的树木阻塞庞涓的去路，并选择了一棵特别高挺的大树，砍削去一大块树皮，在光滑的树干上写了"庞涓死于此树之下"几个大字。

孙膑亲自挑选了1万名善射的弓箭手，埋伏在道路两旁，吩咐他们："一旦看到火光，就万箭齐发！"

当晚，庞涓果然赶到了这棵大树下。阴沉漆黑的夜空，他影影绰绰地看到树干上模模糊糊的一行字迹，但没有看清楚到底写的是什么，便命令士兵点亮火把，照明看字。

只见上面写着："庞涓死于此树之下"八个大字。

庞涓还没来得及做出任何反应，齐军便万箭齐发，给魏军以迅雷不及掩耳的打击，魏军顿时惊恐失措，大败溃乱。庞涓智穷力竭，眼见败局已定，遂愤愧自杀。齐军乘胜追击，又连续大破魏军，前后歼敌10万余人，并俘虏了魏军主帅太子申。

孙膑对自己的老同学庞涓非常熟悉，知道庞涓手下士兵强悍勇敢，庞涓本人骄傲轻敌，所以连着两次铺演了围魏救赵的好戏，结果使魏军大败，庞涓本人也愤愧自杀。

智慧品读 ···

　　"围魏救赵"的典故就出自我们本文所介绍的桂陵之战，是指当敌人实力强大时，要避免硬碰硬，采取计策，诱使敌人分散兵力，巧妙布局，在敌人的薄弱环节发动攻击，置敌于死地。本计的基本思想是避实击虚，攻其所救，趋利避害，出其不意，机动歼敌。

03 第三计　借刀杀人

原文

敌已明，友未定，引友杀敌，不自出力，以《损》推演。

按：敌象已露，而另一势力更张，将有所为；便应借此力以毁敌人。

释义

敌方的情况已经明确，而友军的态度尚不明朗，要引导友军出击敌人，而自己不必出力。这是运用《周易·损卦》推演出的道理。

按语：敌方的征兆已经显露出来，并且另一股力量跟敌人离心离德，表现出了扩展的势头和另有所谋的迹象，就要巧妙地利用这股力量来摧毁敌人。

传世典故

春秋末期的齐国，齐景公手下有三员武将，即古冶子、田开疆和公孙接。这三位武士个个力大无比，勇武强悍，能够赤手空拳搏击猛兽，一时间，天下没有人能跟他们匹敌，号称"齐邦三杰"。

三人臭味相投，结为异姓兄弟，自恃有功势力大，在朝中傲视百官公卿；在下欺压百姓，无恶不作。对身高不过六尺的丞相晏子也不怎么看在眼里，即使在景公面前，他们也常以你我相称，不讲礼仪。齐景公害怕三人声势相倚，无可奈何。晏子便亲自登门拜访，劝导他们改恶从善，他们却蛮不讲理，不为所动。晏子认为这三个人早晚会毁了国家，就想把他们除掉。但又恐有所疏漏，反而把事情弄得更坏，只好隐忍，等待时机。

一次，鲁昭公访问齐国。鲁昭公由鲁大夫叔孙诸陪同，齐景公由晏子陪同，坐于殿上，宴饮会礼。群臣立于殿下，"三杰"亦在其中。晏子看他们傲气十足、目中无人的样子，内心十分焦急。他终于想出了一条妙计，今天就要除掉这三个国家的灾星。

齐、鲁二君酒至半酣，晏子起身对景公说："园中金桃已经成熟，我想摘上几个为二位国君祝寿。"景公准奏，下令管理御园的官吏前去摘取。晏子说："金桃十分宝贵，世之稀物，臣当亲往监摘"。晏子走后，景公对鲁昭公说："这棵桃树是先君在位时，海外人献上的种子，已经长了30年，往年却只开花不结果，今年是第一次结果，也只有几个。今昭侯降临，寡人不敢独享，特取来与贤君一同品尝。"鲁昭公拱手称谢。

过了一会儿，晏子领着管理御园的官吏进来了，将精致的雕花盘子献上。盘子里放着六个鲜桃，个头硕大，桃红似火，香气袭人。

景公问道："就这么几个吗？"

晏子说："还有三四个没熟的，只有这六个是熟透了的。"

景公命晏子侍酒。晏子手捧酒杯，恭敬地走到鲁昭公面前，左右献上金桃，晏子致词说："桃大如斗，天下罕有，两君食之，千秋同寿。"

鲁昭公喝了一杯酒，取一个桃吃了，赞不绝口。

景公如是，吃了鲜桃之后，说："此桃是难得之物，叔孙大夫贤名播于四方，应该吃一个。"

叔孙诸施礼说："我哪里赶得上相国呢？晏相国内修国政，外服诸侯，功劳最大，这个桃应该他吃。"

景公说："既然二位谦让，那就每人饮酒一杯，食桃一个。"

二人谢赏，把桃子吃了。

晏子说："盘中还有两个桃子，大王可传令群臣，谁的功劳大，谁就可以得到一个桃子。"

齐景公同意，立即传令下去，让每个大臣都说说自己的功劳，相国评功赐桃。

公孙接首先站出来，拍着胸膛说："有一次我陪国君打猎，突然蹿出一只猛虎，是我冲上去，将猛虎打死，救了国君，这个功劳大不大？"

晏子说："保驾功大，可赐酒一杯，桃一个。"

公孙接饮酒食桃，意气扬扬，站到一旁。

接着古冶子跳了出来，声如炸雷似的喊道："打死一只虎何足为奇！有一次我护送国君过黄河，一只大鼋兴风作浪，要伤害国君，我跳到水里，舍身杀死大鼋，救了国君，这个功劳大不大？"

晏子赶忙赐酒赏桃，古冶子眉飞色舞地站立一旁。

"齐邦三杰"的第三个勇士田开疆一看桃子吃光，急着跳上来，大叫大嚷："那年我受命讨伐徐国，斩其名将，俘敌5000余人，徐国投降了，连附近的郑国和富国也吓得归附了我国，这么大的功劳难道不该吃桃吗？"

晏子说："田将军之功当然高出公孙接和古冶子二位，但桃子已经没有了，只好等到明年了。"

景公也说："你的功劳确实最大，可惜说迟了。"

田开疆手按剑柄，气急败坏地说道："杀鼋打虎算什么？我南征北战，血战沙场，反而吃不到桃，在两位国君面前受辱，遭人耻笑，我还有什么面目站在朝廷之上！"说罢，拔剑自刎身亡。

公孙接大惊，也拔出剑来说："我有小功而吃桃，田将军有大功反而不能吃桃。我吃桃时没有谦让，是无礼；看见结拜兄弟死了而不能跟从，是不勇啊！"说罢，也自刎而死。

古冶子一看，立即站出来说："我们三人誓同生死，亲如骨肉，他们二人已死，我还苟活，于心何安？"说完，也举剑自杀了。

三人把勇敢和气节看得比生命还重要，结果为了两枚鲜桃都自杀了，晏子用的"借刀杀人"计策轻而易举地就除掉了国家的三祸，这就是历史上有名的"二桃杀三士"。

在现代经营中也经常用到"借刀杀人"，商务运作过程中，一个最基础的工作，应该是资金的筹措。所谓"巧妇难为无米之炊"，因此，做生意一定先要有本钱，生意越大，所要的本钱也就越大，这是谁都知道的。就商务运作的实际情况来看，当然是有多大本钱做多大的生意，或者想做多大的生意就先尽量筹集多大的本钱。在一般人想来，手上分文没有，却一上手就要做大生意，而且居然就做成了，这一定是一个神话。

清末大商人胡雪岩实实在在地给我们留下了这样一个神话。

胡雪岩一上手就要开自己的钱庄，对外号称拥有本钱20万两，其实，此时的胡雪岩真正是身无分文。虽然王有龄已回浙江任海运局坐办，但除了让胡雪岩有了一点官场势力之外，银钱方面事实上也还没法帮他多少，而胡雪岩的钱庄要开办得有点样子，至少需要5万两银子。

但胡雪岩仍然要把自己的钱庄开起来。在他看来，眼前只要弄几千两银子，先把场面撑起来，钱庄的本钱，不成问题。胡雪岩有如此把握，是因为此时他心中已有了自己的"成算"，这"成算"也就是所谓"借鸡生蛋"。

所谓"借鸡生蛋"，说穿了，也就是拿了别人的银子，来做自己的生意。此时的胡雪岩想到了两条"借鸡"的渠道。一条渠道是信和钱庄垫支给浙江海运局支付漕米的20万两银子。王有龄一上任，就遇到了解运漕米的麻烦，要顺利完成这一桩公事，需要20万两银子。胡雪岩与王有龄商议，建议让信和先垫支这20万两，由自己去和信和相商。这在信和自然也是求之不得。一来王有龄回到杭州，为胡雪岩洗刷了名声，信和"大伙"张胖子正巴结着胡雪岩，二来信和也正希望与海运局接上关系，一方面海运局是大主顾，为海运局代理公款往来必有大赚。另一方面，也是更重要的，海运局是官方机构，能够代理海运局公款汇划，在上海的同行中必然会被刮目相看。声誉信用就是票号钱庄的资本，能不能赚钱倒在其次了。有这两条，这笔借款自然一谈就成。本来海运局借支这20万两只是短期应急，但胡雪岩要办成长期的，他预备移花接木，借信和的本钱，开自己的钱庄。

胡雪岩"借鸡生蛋"的第二个渠道，则是一个更加长远的渠道，那就是借助王有龄在官场的势力，代理公库。胡雪岩料定王有龄不会长期待在浙江海运局坐办的位置上，一定会外放州县。到时

候他可以代理王有龄所任州县的公库，按惯例，道库、县库公款往来不付利息，等于白借公家的银子开自己的钱庄。他把自己的钱庄先开起来，现在虽然大体只是一个空架子，但一旦王有龄外放州县，州县公库一定由自己的钱庄来代理，那时解省公款源源而来，空的也就变成了实的。

就这样，胡雪岩先借王有龄的关系，从海运局公款中挪借了5000两银子，在与王有龄商量开钱庄事宜的第二天，就着手招揽人才，租买铺面，把自己的钱庄轰轰烈烈地开起来了。胡雪岩这一招"借鸡生蛋"，真如变戏法一般。不过，生意场上的戏法如何去"变"以及"变"得好坏与否，又的确显示着经营者的眼光、胆略和技巧的高低。而生意场上，许多时候也确实需要能够变一变戏法。能够利用一切可以利用的条件，在并不损害他人利益的前提下，变出别人变不出的戏法，无论如何都是让人叹服的。当然，生意场上的"戏法"，说到底也就是一种必要的经营技巧，而不是心术不正的蒙人。所以，胡雪岩也说："戏法总是假的，偶尔变一两套可以，变多了就不值钱了，还是要有真东西拿出来。"

智慧品读

"借刀杀人"是民间用语，"刀"比喻可以利用的外部条件；"杀人"泛指所要达到的目的。此计是指借他人之手或他人之力来铲除异己或达到自己目的的一种手段，像晏子那样真的"借刀杀人"在现代社会是违法的。在环境受到限制，自身没有能力，或不愿直接抛头露面的情况下，有计划地利用其他的人或事达到自己的目的，这样的事不乏其例。此计妙在成功时，自己就尽情享受成功的喜悦；失败时，自己也不用承担任何风险。

04 第四计　以逸待劳

原文

困敌之势，不以战；损刚益柔。

按：此即致敌之法也。兵书云："凡先处战地而待敌者佚，后处战地而趋战者劳。故善战者，致人而不致于人。"《兵书》论敌，此为论势，则其旨非择地以待敌，而在以简驭繁，以不变应变，以小变应大变，以不动应动，以小动应大动，以枢应环也。

释义

迫使敌人处于困窘疲惫状态，不必采用直接交战；要根据刚柔相互转化的道理，消耗强势一方的军力，疲惫其精神，以柔克刚，掌握先机。

按语：这是调动敌人的策略。《孙子兵法》说："凡是先抵达战地等待敌军的就处于主动，迟到的一方则被动疲惫。所以善于指挥作战者，调动敌人而不被敌人调动。"兵书上谈的是如何对付敌人，本计则讨论怎样形成有利的局面，那么本计的目的不是选择了战场就坐待来敌，而在于用简单便捷的方法驾驭纷繁多变的战局，用不变化对付变化，用小变化对付大变化；用冷静对付躁动，用小的军事行动对付大的军事调遣，这就是所谓掌握枢纽控制全局的道理。

传世典故

李牧（？—前229）是战国时期赵国杰出的军事家、统帅，是赵国防守北部边境的良将，曾经驻守代郡、雁门郡防匈奴。

李牧根据当时的实际情况，灵活任用官吏，将收入将军府中的城市税收，作为士卒的费用，还下令每天都要杀几头牛来犒飨士卒。李牧精练骑射，严格执行焚举烽火的制度，派出很多间谍去窥察敌人的动静，同时向士卒下令，说："如果匈奴人进入我国境内进行侵扰，那么大家赶快收拾好人马、物资进入堡垒，自行保卫即可。如有人胆敢去擒捉匈奴人，那就一律处斩！"这样一来，匈奴每次入侵边境，军队都会燃起烽火报警，然后大家就收好畜产进入营垒自行保卫，不与匈奴交战。

这样过了几年，赵国边境的人畜都没有什么伤亡损失。匈奴人却认为李牧胆怯，连赵国驻边境的兵士也认为李牧的胆子太小了。赵王屡次责备李牧，但李牧依旧维持老样子，不作变动。赵王怒不可遏，就派他人取代了李牧大将的职位。

此后一年多的时间里，新任将领屡次率军迎击犯境的匈奴人，可每次作战，赵军都损失惨重。最后竟然到了边境骚扰不断，百姓无法正常耕作和放牧的地步。赵王不得已又派人请李牧复出，李牧以生病为由闭门不出，坚持说自己有病，赵王一再恳请，李牧提出："如果一定要用我，必须允许我照从前的办法行事，我才敢接受您的命令。"赵王只好答应了他的要求。

李牧再次镇守边境，仍按原来的规约行事。几年当中，匈奴来犯一无所获，但始终认为李牧胆怯不敢出战。戍边的将士日日受到犒赏而不被使用，因此，都请求愿与匈奴决一死战。李牧看准了时机，准备经过挑选的兵车1300辆，精选的战马13 000匹。获赏百金的勇士5万人，优秀射手10万人，全部组织起来加以训练，并大纵牲畜，让人民满山遍野地放牧。

匈奴人小规模地入侵，李牧就下令部队假败下来，并且把数十人丢弃给匈奴。匈奴单于听到这个消息后，即率军大举来犯。李牧多设奇阵，指挥部队从左、右两翼进行包抄，大破敌兵，斩杀匈奴10多万人马。匈奴单于领残兵逃奔而去。此后十多年，赵国北边稳固，匈奴人不敢再接近赵国边境。

"以逸待劳"原指在战争中，依靠有利的地形有利的形势，一边防御，一边养精蓄锐，待进攻者疲惫不堪、士气低落之后，再转守为攻。这样的谋略思想，在股票投资上也有大启发。比如选一只好股票，然后放长线钓大鱼。

香港有位金融家到一家理发店去理发，有个浙江的理发师对这位老板说："我家境贫寒，这辈子大概只能这样辛苦工作挣够温饱了。"这位理发师请金融家给他想一计之策，能养老天年，不用一辈子这么辛苦。

这位金融家就对其指点道："你现在就将你积蓄的钱去买汇丰银行的股票，然后放在那儿，不管涨跌都不要抛，等以后赚了钱再买，一路买上去，到60岁时你就有一笔足够的养老金了。"

18年后，理发师已经60岁了，再一次碰到这位老板，对老板感激不尽，此时的理发师是什么身价？他已有自己的洋房和汽车，并开了两家分店，店面装修豪华，顾客都是当地的明星富豪。18年前，金融家仅仅提供给他一个思路、一个建议，并没有给他实际的资助，却改变了这个理发师的一生。

在台湾股市中，也流传这样的奇闻：有一个人将股票买回去当墙纸糊在天花板上，十几年后，天花板斑痕四起，开始脱落，而那脱落的被称为"股票"的花纸头，拿到市场中去卖，竟然翻了一百多倍！

像这样的事例其实并不少见，尤其是在西方。1988年，投资大师巴菲特买入可口可乐股票5.93亿美元，1989年大幅增持近一倍，

总投资增至10.24亿美元。1991年就升值到37.43亿美元，2年涨了2.66倍。1994年，巴菲特继续增持可口可乐股票，总投资达到13亿美元，此后持股一直稳定不变。1997年底，巴菲特持有可口可乐股票市值上涨到133亿美元，10年赚了10倍，仅仅一只股票就为巴菲特赚取了100亿美元，这是巴菲特最传奇最成功的股票投资案例。

中国股市发展也有10年了，股票做到现在，跟人说："这个股票好，买入可以放18年。"恐怕人们会问你脑子是否有毛病。大多数人做股票，天天打听买什么股票，说着说着就问能否挑一只股票今天买进、明天就能赚钱。短线短到如此程度，其实还是如同搓麻将，非得当天决个输赢。这样输输赢赢，最终赚也赚不了多少，而赔倒是很实在的。

当然，我们说的长期投资、长线是金，并非是随便拣一只股票，放到篮里就是菜；而是要看上市公司的业绩，看行业的成长性，看市场发展的大趋势。如果选了一个夕阳股或亏损股，你持有的无疑是一个"定时炸弹"，你的财富随时会化为乌有。上市公司风险是真正的风险，一旦上市公司破产，长线持有无异于将自己的财产投入大海之中。所以，在长线是金的投资理念中，选择一家适合长线持有的上市公司股票，这才是最关键的。

智慧品读

"以逸待劳"是一种智慧韬略，是指在敌人气势正盛，或自己已经占有有利的地形时，找准战机，自己首先采取守势，一边积极防御，一边养精蓄锐，想办法让敌人在战场上四处折腾，待敌人疲惫不堪时，一举歼灭。"劳"与"逸"是两种截然对立的临战状态，自古兵家皆深谙此计。以逸待劳不能耐不住性子，急于事功，反倒会半途而废或功败垂成。

05 第五计　趁火打劫

原文

敌之害大，就势取利。刚决柔也。

按：敌害在内，则劫其地；敌害在外，则劫其民；内外交害，则劫其国。

释义

敌人处在严重的危机之中，应抓住有利时机出击，获取利益。这就是刚强战胜柔弱，趁机挫败困厄之敌的策略。

按语：敌方的祸患如果来自内部，就掠夺它的土地；如果来自外部，就抢夺它的百姓和财产；内忧外患接踵而来，就吞食兼并它的国家。

传世典故

春秋时期，吴国和越国相互争霸，战事频繁。起初是吴国战胜越国，越王勾践携妻带子，与大臣范蠡一起入吴，成了屈辱的人质。三年后，吴王夫差放他们君臣回到了越国。

勾践被释放回越国之后，把都城迁到当年他被打败的会稽山下，每晚睡在柴垛上，在房门口挂一个苦胆，每天都要舔一舔，对自己说："你忘记会稽之耻了吗？"勾践卧薪尝胆，礼贤下士，扶贫济弱，不听音乐，不近女色，还亲身参加农业生产，念念不忘复仇。他对外继续讨好吴王，对内休养生息，富国强兵，鼓励增加人口，以增强国力。文种等大臣也一心一意辅佐勾践，越国的实力日益增强。而吴王夫差被表面的假象所迷惑，过着骄奢淫逸的生活。

到公元前482年，吴王到北部的黄池去会合诸侯，吴王被尊为霸主。这时，吴国的精锐部队全部跟随吴王赴会了，唯独老弱残兵和太子留守吴都。越国趁机发兵，攻打吴国。吴军大败，越军还杀死吴国的太子。越王估计自己也不能灭亡吴国，便与吴国讲和。

又过了四年，吴国颗粒无收，民怨沸腾。越王勾践，大举进兵吴国，吴国国内空虚，无力还击，吴王夫差自杀，吴国灭亡。

勾践的胜利，正是乘敌之危，就势取胜的典型战例，即所谓的"趁火打劫"。军事史上，"趁火打劫"之计屡见不鲜，在商场上、外交上也是高手们惯用之计，为了使自己的利益最大化，不惜使用这种手段，以达到预期目的。比如，当对手有求于自己时，就可逼得他接受自己的苛刻条件，趁火打劫，获得利益。

众所周知，巴拿马运河是美国控制的一条内河航线，美国每年要从这条运河上赚一大笔钱，可巴拿马运河最早却是由法国一家公司和哥伦比亚签订合同开凿的。主持这项工程的总工程师就是因开凿苏伊士运河而闻名世界的法国人雷赛布。凭着过去的成功经验，他认为完成这项任务不在话下。但工程一开工就遇到了麻烦。原来，巴拿马的环境和苏伊士有很大的不同，工程进度相当缓慢，而且公司的资金也开始短缺，公司陷入了困境。

美国总统罗斯福听到这个消息，心里十分高兴。决定购买运河公司，由美国开凿巴拿马运河。因为，美国对开凿这条运河也早有打算，只因法国下手太早，这下机会终于来了。法国运河公司面临困境无法经营，不得已，法国公司代理人布里略访问了美国，提出要出卖运河公司，开价是一亿美元。法国认为，美国一定会很高兴地买下。尽管美国早就对运河公司垂涎三尺，得悉法国公司要出售更是欣喜若狂。但表面上却显得并不怎么热情。罗斯福故作姿态，指使美国海峡运河委员会提出一个调查报告，以证明在尼加拉瓜开运河省钱。报告煞有介事地称："在尼加拉瓜开运河的全部费用不到两亿美元。虽然在巴拿马开运河直接费用只有一亿多，但并不合算，因为需要另外付出一笔收购法国公司的费用。这样加起来，开巴拿马运河全部费用就将达到二亿五千万多美元。"这个报告自然要让法国公司代理人布里略先生过目。

一看报告，布里略吓了一跳。心想，如果美国不在巴拿马开运河，法国不是一分钱也收不回来了吗？于是他马上游说，声称法国愿意降价出售运河公司，只要四千万就行了。罗斯福一听，立即指示用四千万买下了运河公司。仅此一项，美国就少花了六千万美元。法国人还以为挺幸运，总算收回了四千万。殊不知却上了罗斯福的当。

买下公司后，罗斯福又对哥伦比亚政府故伎重演。他指使国会通过一项法案，规定如果美国能在适当的时机和哥伦比亚政府达成协议，美国将考虑开凿巴拿马运河，不然的话，美国还将选择开凿尼加拉瓜运河。

买下法国公司后，罗斯福又对哥伦比亚政府故伎重演。

这么一来，该轮到哥伦比亚政府坐不住了，马上指示驻美国大使找到美国国务卿海约翰协商，签订了一项美国条约，同意以一千万美元的代价长期租给美国一条两岸各宽三英里的运河区。美国每年另外付给哥伦比亚十万美元。这个协议给美国带来的却远非几千万的利益这么简单。

罗斯福不愧是老谋深算，他欲擒故纵，形退实进，既网开一面叫法国人、哥伦比亚人有甜头可吃，又趁火打劫，捞了大便宜。

智慧品读

趁火打劫的同义语就是乘人之危，当对手发生严重危难而穷于应付、自顾不暇的时候，也正是其防卫能力最弱的时候，充分利用这个有利时机，向对手展开攻势，就可以收到事半功倍的效果。当然，我们还要洞察对手所遇之"火"究竟烧到何种程度，只有当对手自顾不暇的时候，才可以主动出击；否则贸然发动进攻，非但不能获利，反而会自投罗网，丧失利益。

06 第六计　声东击西

原文

敌志乱萃，不虞，坤下兑上之象。利其不自主而取之。

按：声东击西之策，须视敌志乱否为定。乱则胜，不乱将自取败亡。险策也！

释义

敌人目标不一，军心混乱，像乱作一团的野草，不能应付突发事变。这是根据《周易·萃卦》中"坤下兑上"之象而来，敌军指挥人员丧失判断指挥能力的征象，要利用敌人不能自主的失控状态拿下敌军。

按语：应用声东击西计策的前提是，必须观察敌人是否军心混乱。敌人乱了方寸，就能获得胜利；敌人将帅冷静清醒，军心统一，用此计则是自取灭亡。本计是冒险之策。

传世典故

周亚夫是西汉开国元勋周勃的儿子，从小就对兵书感兴趣，而且善于指挥用兵。公元前154年，即汉景帝三年，吴王刘濞联合楚王、胶东王等七国发动叛乱，打出"诛晁错、清君侧"的旗号。景帝派周亚夫为太尉，掌管全国军队，统率平叛。

当时，吴楚军正猛攻景帝弟弟所属的梁国，梁国的告急奏疏雪片一样飞向京城。景帝催促周亚夫赶紧驰援，但周亚夫并不想直接救援，他向景帝提出了自己的战略计划："楚军素来剽悍，战斗力很强，如果正面决战，难以取胜。我打算先暂时放弃梁国，从背后断其粮道，然后伺机击溃吴楚叛军。"景帝同意了他的计划。

于是，周亚夫绕道进军。到了灞上时，遇到一位名叫赵涉的人。赵涉对周亚夫说："将军此举关系重大。打赢了，社稷安宁，打输了，社稷危急。不知将军能否听听我的意见？"

周亚夫马上说："愿听先生高论。"

赵涉说："吴王养了很多死士，知道将军东行，一定会在路上埋伏死士，加害将军。将军何不绕道右行，走蓝田、出武关，进抵洛阳。诸侯料想不到，以为将军从天而降，不战而威，会收到很好的效果。"

周亚夫听从了赵涉的建议，奏请赵涉为护军，又访得洛阳侠客剧孟，与之结交，然后，在荥阳会合各路人马。

此时，叛军轮番急攻梁国，梁孝王向周亚夫求援。周亚夫却派军队向东到达昌邑城，坚守不出。梁孝王又接连几次派人求援，甚至写信给景帝，周亚夫就是按兵不动。但他却暗中派军截断了叛军的粮道，还派兵劫去叛军的粮食。叛军粮草被劫，运输线不通，军中将士忍饥挨饿，萌生退意，便打定主意，先来攻打周亚夫，但几次挑战，周亚夫都不出战。时间一长，周亚夫军中都有些军心不稳了。

一天晚上，营中突然发生混乱，周亚夫在大帐里听到嘈杂声，但始终高卧不起。一会儿，混乱自然就平息了。几天后，叛军大举进攻军营的东南，声势浩大，但周亚夫却让部下到西北去防御。结果在西北遇到叛军主力的进攻，由于有了准备，叛军很快被击退了。

叛军因为缺粮，最后只好退却，周亚夫趁机派精兵追击，取得胜利。叛军首领刘濞逃到江南，最后，被越国人杀死。

七国叛乱只用了三个月就平定了。

俗话说"商场如战场"，如果是竞争对手，那商场就是战场！

商场与战场一样，也应该讲究计策。商场上当然卖的是商品，无论是现实交易还是通过网络交易，买方首先问的往往是价格问题。而作为卖方，往往最害怕的就是一上来就谈价格问题。这里首先提醒商家，千万不要过早地暴露你产品的价格，因为只要你先暴露了价格，无论价格是怎么合理，只要对方想购买这种产品，你总要付出一定的代价。一定要让他对产品的价值有一定的认识后才提价格问题。

我们要做的就是把客户的注意力先引到产品的价值上来，而不是单纯地提出客户为这笔单付多少银子！这也是一笔订单能否成交的关键。

某人在一次家用电器的商业谈判中，卖方是一家外商，因为外商报价较高，虽然做了一些让步，但我方还是觉得价格偏高，卖方不肯让步，我方又不忍放弃。这时，我方抛开谈判主题，对外商的同类产品的来件装配感兴趣，恰好外商也正想寻找合作伙伴，马上表现出极大热情。这样双方就成品交易转移到组装方面的谈判。我方趁机与卖方讨价还价，因我方订货量可观，卖方同意大幅度降低价格。最后，双方先就来件组装问题达成协议。其后的成品交易谈判中，我方因已知组装费用，核算出成品成本远低于对方要价，外商这时才发现中了我方的声东击西之计，只得大幅降低原来的要价。

智慧品读

　　"声东击西"不仅在军事上，即使在现实生活中被提及的频率也非常高。它以假动作欺敌，掩护主力在第一时间击其要害。声言出东，其实击西。使用此计必须充分估计敌方情况，巧妙地制造假象，引诱敌人做出错误判断，然后乘机歼敌。声东击西方法说起来简单，其变化无穷。在商战中，在政治中，外交上都可举一反三，加以推演。

第二套
敌战计

　　敌战计是双方势均力敌的情况下使用的计谋。从这六计的计名可以看出，有诳骗的意思，但这不是长期的诳骗，而是在虚假诳骗之后，把真相推出。把小虚假发展到大虚假，在极端的虚假之后，采用极端真相的行动。使用这些计谋，既要有胆识，又要审时度势，在知彼知已的情况下，达到削弱敌方自取其利的目的。

01 第七计　无中生有

原文

诳也，非诳也，实其所诳也。少阴、太阴、太阳。

按：无而示有，诳也。诳不可久而易觉，故无不可以终无。无中生有，则由诳而真，由虚而实矣。无不可以败敌，生有则败敌矣。

释义

欺骗敌人，表面上看来又不是欺骗，其实是要使欺骗变为欺诈敌人的真实举措。这就是由小虚假发展到虚假之极，而后实现克敌制胜的真实目的。

按语：没有，却做出有的架势，这就是欺骗。欺骗敌人之策不能长久实行，否则就容易被敌人识破，所以"无"不能自始至终都是"无"。在"无"中制造出有，这就是从欺骗发展到真实，从虚假演变为实在的计谋。没有任何军事实力的"无"，是不能打败任何敌人的；从"无"中推出智谋，生出实力，形成"有"，才能克敌制胜。

传世典故

汉武帝晚年，多疑猜忌，适有周围一些心怀奸恶之人，乘机制造事端，挑拨他与太子、大臣之间的关系，最后导致了一场血腥的巫蛊之祸，年老的汉武帝失去了太子。

戾太子刘据是卫皇后所生，因卫皇后得宠，刘据也很受父皇的喜爱。

汉武帝出外巡游，总是把朝中事务托付给太子，后宫事务交付给卫皇后。一些重要事务的处理情况，皇上返回后，他们总是向皇上汇报，汉武帝不曾有过什么不满意的地方，有时甚至也不过问这些事情。

汉武帝用法严厉，朝中任用的大多是些苛刻严酷的官吏；太子为人宽厚，代理朝政时，经常平反一些惩处过重的案件。这虽然很得人心，但是那些执法的大臣却大不高兴。卫皇后为此提心吊胆，生怕长此以往会连累太子。所以，她经常告诫太子，要注意顺从皇上心意，不要擅自主张裁决。

朝廷上正直忠厚的大臣们都赞同太子，而那些专搞峻刑酷法的奸佞臣子则纷纷诋毁太子。奸臣们大搞邪门歪道，结党营私，所以在皇上面前为太子说好话的少，说坏话的多。大将军卫青去世后，奸佞的臣子们认为太子失去了娘舅这个靠山，竞相诬陷，想虚构罗织太子的罪状。

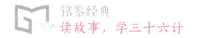

卫皇后和太子刘据常常处于危机和恐惧之中。

汉武帝生活奢靡，后宫有数千美女。宫女们互相妒忌，争风吃醋。一些穿梭于后宫的女巫大行邪门歪道，教给宫中美人所谓避难得宠的方法。宫女们在自己的房间里埋下木偶人，祭祀祈祷，互相攻击告发对方诅咒皇上。汉武帝知道这些情况后，盛怒难消，一下子杀了被告发的后宫妃嫔美人和受牵连的大臣几百人。

这事过后不久，有一晴空白日，汉武帝打瞌睡，梦见数千个木人手持木杖要攻击自己。噩梦惊魂，从此，汉武帝开始觉得身体不适，精神恍惚，记忆力也减退了。此时汉武帝已成惊弓之鸟。

水衡都尉江充奉命督察皇亲国戚和朝中近臣，曾经遇到庪太子使臣的车马在皇上专用的驰道上行走，就当场没收了车马，并将太子使臣逮捕问罪。太子派人向江充求情说："我不是舍不得车马，实在是不想让父皇知道了，认为我平常没有管教好下人。请江先生宽恕。"

江充知道汉武帝对太子早有不满而喜欢赵婕妤所生的皇子刘弗陵，所以对太子的求情根本不加理睬，直接奏报了皇上，并诬陷太子，说皇上生病是因为太子和卫皇后使用了"巫蛊"之术。

本来就迷信巫术邪方的汉武帝听了江充的话，当即任命他为专门使者，负责查处巫蛊案件。江充领着几个胡人巫师在宫中到处掘地挖木偶人，把往来宫中的巫士和夜间祭祀祷告的人都给逮了起来，并且暗中派人先在一些地方喷洒些血污，然后再逮捕他要治罪的人，用烧得通红的铁钳灼烧或者撕扯皮肉。有了毒刑逼迫，江充企图验证巫蛊加害皇上的凭空栽赃无不如愿以偿。于是，长安城里老百姓互相诬告用巫蛊害人，朝廷内外的官员则互相参劾对方诅咒皇上，妄谋不轨；从京城到三辅地区连及各郡国，因巫蛊之祸遭受酷刑杀害的有好几万人。

但是，这次事件和卫皇后及太子都不相干，江充的目的没有达到，就心怀叵测地对汉武帝说："陛下过去多好的身子骨，现在落下了病根，肯定还有人暗埋小木人诅咒。要想枯木回春，只有挖尽小木人，杀光诅咒者。"

武帝又授权他继续查处巫蛊案件。

江充从后宫中皇上很少施恩赏光的妃嫔住处开始挖掘，最后搜寻到卫皇后、太子的宫室，横七竖八地掘地翻土，弄得太子和皇后连摆放床铺的地方都没有了。

结果，真从太子宫中掘出了铜木人和写有咒语的帛书。其实，太子宫中所发现的巫偶，全是江充指使胡人及宫人预先设置的。眼看冤案就罗织到自己头上了，太子情急惊惧，就采用幕僚的意见，将江充一伙诛杀于上林苑中。

随后，太子派门客向皇后报告了情况，并且调动了皇家车马运载弓箭射手，动用了仓库里的武器和长乐宫守卫士卒。朝廷内外很快谣言四起，说太子要造反，京城长安随即陷入一片混乱。

江充的死党苏文逃到甘泉宫，向汉武帝报告了太子如何的大逆不道，极尽诬蔑诋毁之能事。

此时，汉武帝倒是没有完全被苏文所蒙蔽，认为江充可能是逼太子过甚，太子才采取了过激行为，直到丞相刘屈氂听到太子叛乱的消息，派手下官员乘驿站快马报告汉武帝，武帝才相信太子是要谋反夺权，于是命刘屈氂率正规军杀回长安，讨伐太子。

汉武帝与皇后卫子夫也到了恩断情绝的一天。汉武帝派遣使臣来到未央宫，收缴皇后的印玺和绶带，卫子夫悬梁自尽。

太子手上没有正规军，结果只五天时间就被打败了。太子逃到湖县（今河南灵宝县西北），藏匿在一户人家。这家人贫穷善良，靠卖鞋供养太子。一天，太子突然想起一位发达的老朋友也在湖县，希望他能够接济自己，减轻恩人一家的负担。谁知，送信人被官府的人发现了行踪。八月，官吏围捕太子。太子自知无法脱身，紧闭房门，自缢身亡。太子的两个儿子全部遇害，除太子之孙刘病已侥幸被救，卫皇后家族及卫后与汉武帝所生子女都被杀害。

几年后，真相大白，汉武帝下令，江充满门抄斩，在渭水桥上烧死了苏文。

汉武帝痛惜太子无辜遇害，特地修建了思子宫，还在湖县筑起了归来望思之台。太子与两个儿子被安葬在湖县，谥号为"戾"。

因为一连串的无中生有之祸，汉武帝失去了亲情骨肉，实在是可悲。

智慧品读

"无"与"有"是《老子》中的一对重要哲学范畴，兵家借鉴老子的思想，主张制人而不制于人，特别重视"无"所代表的制胜因素。此计的关键就在于"无"与"有"二字，用"无"的假象来迷惑敌人，掩盖"有"的真实目的。此计将虚实变幻演绎至出神入化的境地。归根到底本来就没有的，却总令敌方感觉确有所存在。此计的关键在于真假要有变化，虚实必须结合，一假到底，直到对手从亦真亦幻到信以为真，等对手明白确实没有时后果已经发生。

02 第八计　暗度陈仓

原文

示之以动，利其静而有主，益动而巽。

按：奇出于正，无正则不能出奇。不明修栈道，则不能暗度陈仓。

释义

用军事佯攻佯动等迷惑敌方，利用敌方固守阵地时，采取军事行动像风雷激荡般地朝着敌人不加防备的空虚之处飘然而来，打它个措手不及，达到出奇制胜的效果。

按语：出奇制胜的兵法来自于正常用兵的普通原则。不明修栈道，就不能暗度陈仓。

传世典故

秦朝末年，政治腐败，群雄并起，纷纷反秦。刘邦也参加了起义大军，并且迅速壮大起来。公元前206年八月，刘邦攻入武关，向咸阳逼近。秦相赵高杀死秦二世，派人向刘邦求和，被刘邦拒绝。同年九月，秦王子婴即位，他诛灭赵高，派兵在峣关抵挡刘邦。刘邦率军绕过峣关向秦国进攻，在蓝田之南打败秦军，接着在蓝田又大破秦军。十月，刘邦即进抵咸阳东郊灞上。秦王子婴被迫乘坐素车白马，用带子系着颈，捧着玺印向刘邦投降。秦王朝灭亡。

可是，随后进入关中的项羽势力强大，逼迫刘邦退出关中。鸿门宴上，刘邦险些丧命。刘邦此次脱险后，只得率部退驻汉中。为了麻痹项羽，刘邦退走时，将汉中通往关中的栈道全部烧毁，表示不再返回关中。刘邦此举意在麻痹敌人，养精蓄锐，待力量壮大了，再与项羽争夺天下。

公元前206年，已逐步强大起来的刘邦，派大将军韩信出兵东征。

韩信是淮阴人，小的时候，父亲死了，家里非常穷，人们都瞧不起他。可他从小酷爱兵法，有大将之才。后来，韩信投到项羽部下，可是项羽并不重视他，韩信只好投到刘邦麾下。

韩信来汉，未建寸功，当然不会被重用。一次，韩信犯了大罪，刘邦要斩了他，刘邦部下的一个将军夏侯婴经过，韩信高声呼喊，向他求救，说："汉王难道不想打天下了吗，为什么要斩壮士？"夏侯婴看韩信那模样，真是一条好汉，就把他放了，还向汉王刘邦推荐他。汉王刘邦便派韩信做个管粮食的官。

后来，萧何见到了韩信，跟他谈了谈，觉得韩信的能耐实在不小，很器重他。萧何先后三次向刘邦推荐韩信，刘邦就是看不上韩

信，只给他一个小官当。

当时，汉军生活非常艰苦，看不到前途，军心动荡，好多人都跑了。韩信看到刘邦根本不想用他，也趁夜逃跑了。这就出现了历史上"萧何月下追韩信"的故事。

萧何把韩信带回汉营，刘邦拜他为大将。打那以后，韩信就指挥将士，操练兵马，东征项羽的条件渐渐成熟了。

出征之前，韩信派了许多士兵去修复已被烧毁的通往汉中的栈道，摆出要从原路杀回的架势。关中守军闻讯，密切注视修复栈道的进展情况，并派主力部队在这条路线各个关口要塞加紧防范，阻

拦汉军进攻。韩信"明修栈道"的行动，果然奏效，由于吸引了项羽军队的注意力，把关中军队的主力引诱到了栈道一线，韩信立即派大军绕道到陈仓（今陕西宝鸡县东）发动突然袭击，一举打败章邯，平定三秦，为刘邦统一中原迈出了决定性的一步。

一般来说，一个将领实施某一计谋取得成功之后，敌方会吸取教训，防止再次上当。因此，故伎重演，难度很大。可是军事奇才韩信，却可以二施"暗度陈仓"的计谋，玩弄敌人于股掌之上，令人叹绝。

楚汉相争，各路诸侯，自知力量不敌刘邦、项羽，他们密切注意战争动向，寻找靠山。西魏王豹本已投靠刘邦，后见汉兵受挫，就转而投靠项羽，联楚反汉。大将军韩信举兵攻打西魏，大军进至黄河渡口临晋关（今陕西大荔东）。西魏王豹派重兵把守临晋关对岸的蒲坂（今山西永济西），凭借黄河天险，紧守度日，封锁临晋关河面，壁垒森严。

韩信深知，如果从临晋关渡河，损失太大，难以成功。他决定再施"暗度陈仓"的计谋。他佯装准备从临晋关渡河决战，调集人马，赶造船只，派人沿黄河上游察看地形。经过认真调查，韩信决定从黄河上游夏阳（今陕西韩城南）渡河，那里地势险要，魏兵守备空虚。韩信一面命大军向夏口调集，一面佯装从临晋关渡河，派兵丁擂鼓呐喊，推船入水，做出强攻的样子。魏军无论如何也没想到，就在汉军佯装大举强渡的时候，汉军已在韩信的率领下从夏阳渡河，并且直取魏都平阳（今山西临汾）。西魏王豹得到消息，连忙派兵堵截汉军，可是已经晚了一步。汉军生擒西魏王豹，占领了西魏。楚军失去了一个强有力的同盟。

韩信运用"暗度陈仓"大败项羽以后，此计一直被历代兵家所重视，并且被推广到各个领域。

几年前，美国纽约布鲁克林区有家大医院，准备新购置一套X光设备。许多制造X光设备的厂家闻讯后，蜂拥而至，前来介绍推销他们的产品。这使该医院X光部的负责人劳埃德大夫不胜其烦，最后干脆把上门来推销产品的业务员一概拒之门外，想过一段时间再办理此事。

就在劳埃德先生大为恼怒之时，他收到了封邀请信。信是一家X光设备制造厂写来的。内容如下："我们工厂最近刚完成一套X光设备，前不久进行了完工检验。在检验中，我们发现这套设备并非尽善尽美。所以想对它进一步改进后再推向市场。我们从您的同行中得知，您对X光设备有很深的研究。为此我们非常诚恳地请您在百忙中抽出时间前来给予指教。请在方便时与我们联络，我们马上派车去接您。"

劳埃德读完信后，非常兴奋。他对X光设备有特殊的爱好，也做过业务研究，并有自己独到的见解，但还从来没有哪个厂家征求过他的意见。所以这封信使他觉得自己非常重要，真正得到了别人的承认。尽管接到信的那个星期他非常忙，但他还是设法取消了一些不太重要的安排，挤出时间去看那套设备。

到了那家工厂，他认真查看了设备后发现这套设备的设计非常合理，使用也特别方便，简直无可挑剔。他越看越喜欢这套设备。于是，在对今后如何改进设备提出一些小的意见后，就主动提出要求，由他所在的医院买下这一套设备。

这家X光设备制造厂非常有营销头脑，以静制动，在洞察了劳埃德先生的特点之后，采用这一特殊对策，击败了所有的竞争对手。当然，商家的产品质量也必须保证。

智慧品读

"暗度陈仓"一般是指用正面佯攻的迷惑手段，来伪装自己真实攻击路线的计策。它的特点是将自己真实的意图隐藏在让人想不到的行动背后。韩信明修栈道，暗度陈仓，堪称一次绝妙的创新。如果他要真的修栈道，那他不可能成功，一是栈道难修，不知何年何月才能修好，战机不等人，机不可失，失不再来。二是敌方必有防备，人家以逸待劳，还不是有多少人消灭多少人啊。所以说，明修栈道，暗度陈仓是一个大胆的创新。

03 第九计　隔岸观火

原文

阳乖序乱，阴以待逆。暴戾恣睢，其势自毙。顺以动豫，豫顺以动。

按：乖气浮张，逼则受击，退而远之，则乱自起。

或曰：此兵书火攻之道也。按兵书《火攻篇》，前段言火攻之法，后段言慎动之理，与隔岸观火之意，亦相吻合。

释义

敌方发生矛盾，秩序混乱，相互倾轧，我方则静观其变，等待对方局势进一步恶化。敌人内部反目仇杀，任意胡为，势必导致自取灭亡。这就是《周易·豫卦》所说的顺时而动，天地就能顺其意，做事就顺利。

按语：敌人内部正人心浮动，自相残杀，如果这时进逼攻打，他们就会停止倾轧而联合反击；我方有意识地退出，远远地旁观，那么它的内乱会进一步发展。

有人说，这是《孙子兵法》"火攻"之计。就《孙子兵法·火攻篇》来看，前部分讲火攻之法，后部分讲慎战之理，这与隔岸观火的寓意有相通之处。

传世典故

东汉末年，群雄割据，各路豪杰都想趁着大乱之际雄霸一方。当时逐鹿中原的军阀主要有：公孙瓒集团、袁绍集团、袁术集团、吕布集团、张杨集团、臧兴集团、陶谦集团、张绣集团、刘表集团。

当时袁绍集团的势力很大，袁绍在群雄联军讨伐董卓时被推为盟主。董卓被杀后，关东军开始自相残杀。袁绍当时只占有冀州东部的勃海一郡，他利用其为盟主和为众豪杰所归向的优越条件扩充势力。他先迫使韩馥让出冀州。当时冀州是中国诸州中人口、粮食都比较富足的，号称"带甲百万，谷支十年"。再加上袁绍的声望和雄厚的家庭，使袁绍的势力骤然强大起来，公元199年，袁绍又灭掉屯兵于幽州的公孙瓒。袁绍灭公孙瓒后，又以中子袁熙为幽州刺史，外甥高幹为并州刺史。袁绍于是兼有冀、青、幽、并四州，地广兵多，成为当时最强大的军事集团。但是，在公元200年的官渡之战中，曹操以少胜众，以弱胜强，消灭了袁绍的主力，取得了绝对的胜利。袁绍从此一蹶不振。两年后，袁绍在邺城病死。

袁绍一死，袁绍的两个儿子袁尚、袁熙根本无法立足，只好逃亡辽东。这时，他们还残存几千兵马。当初，辽东太守公孙康凭借着地处偏远，曹操鞭长莫及，不肯臣服。曹军征服少数民族乌桓后，有人劝他乘胜征讨公孙康，同时还能把袁氏兄弟捉拿到手，曹操答道："我正想让公孙康砍下袁尚、袁熙的头颅送上门来，用不着麻烦劳顿士兵们了。"九月，曹操率军从柳城（今辽宁朝阳西南）班师回朝，公孙康果然斩杀了袁氏兄弟，送来了他们的首级。众将领请教其中的原委，曹操说："公孙康向来害怕袁氏兄弟，二袁投奔他，如果我军急于用兵，公孙康就会与袁氏兄弟团结起来对付我们。暂缓用兵，他们之间就会自相图谋火并，这是由他们相处的态势决定的。"

曹操此举可谓是"坐山观虎斗"，深通军事理论的曹操对"隔岸观火"之计早就暗熟于心，他料到公孙康向来惧怕袁氏兄弟，所以当二袁上门时必定猜疑，自己及时退兵，让他们自相火拼，然后坐收渔人之利，并最终成就大业。

在当今激烈的职场竞争中，采取静观其变的态度，等待有利的时机，就可以把自己推到最显著的位置，大展宏图，并使自己迅速被提升。

　　劳伦斯是美国一家制片公司的总经理。他从一文不名的小职员爬至公司总经理的高位，经历颇耐人寻味。劳伦斯在公司很会见机行事，溜须拍马。再加上他自身勤快、精力充沛，不断扩充自己的知识领域，对部门里各项事务都比别人研究得清楚。有些一时解决不了的问题，一落到他手里就会迎刃而解，不久就赢得这位经理的欢心，很快就被提拔为部门的第一副经理。

　　他所在的部门管理很混乱，缺乏有效的管理制度。他对此表面上不闻不问，暗地里搞了一套井然有序的制度备用。后来当矛盾日益突出时，他便乘机毛遂自荐抓了一下制度整顿，结果使部门业务蒸蒸日上，工作成绩可观。于是很快就被提拔为公司副总经理，但他却要求当总经理的跟班助理。他之所以愿意干这份差事，因为他认为名分高低无所谓，应掌握的是实权。

　　在总经理跟前待了相当一段时间后，劳伦斯逐渐有了影响总经理抉择的分量，使他从一直不被重用逐步爬上了具有相当实力的地位。这就为他自己今后掌握权力打下了基础。在其他方面，他也得到了很大锻炼，为前程铺下了坚定的基石。一切准备基本停当，只等合适机会。最后，机会终于来临。

　　一次，公司投入两千万元摄制一部电影，但拍片进度缓慢。由于管理不善，导演换了一个又一个，主要演员不是病了就是花边新闻满天飞，费用支出大大超过预算。公司的股东们一看苗头不对，再这样下去他们的投资就要付诸东流，于是决定撤换公司行政领导。这时劳伦斯站了出来，他向董事会提出了自己的分析和解决问题的思路，并自荐由他来接手管理公司一切行政事务。由于他没有任何现任头衔，使他与公司危机祸根扯不上关系；当股东们有意大砍公司管理层时，各部门管理者都在被考虑割除的范围，谁也不敢多说一句得罪人的话，而劳伦斯却是个圈外人物，没有丝毫顾虑。

他的发言博得股东们一致好评，最后决定任命他为公司总经理。至此，他平步青云，由跟班助理跃登总经理宝座。

接管公司后，劳伦斯不负众望，拿出准备多年的有效措施，力挽颓势，迅速摆脱了危机，一扫公司多年积存的萎靡风气，经营走上正轨，拍片任务顺利完成，并使公司一步步欣欣向荣，发展壮大。

志存高远是成大事者的先决条件；懂得积蓄力量，壮大实力，看准时机是成大事者的必备条件；目光长远，不为眼前利益所动是成大事者的前提条件。运筹帷幄之中，决胜千里之外。但是千万别忘了，该出手时就出手啊！

智慧品读

"隔岸观火"是贯穿着哲学思辨的战术策略。任何敌人内部都存在着各种矛盾，巧妙地运用这些矛盾，是实现兵不血刃削弱或消灭对手，壮大自我的最佳选择。它还可理解为先不急于取胜，"隔岸"观察"火"的动向，以确保自身的安全。等待有利的时机到来时，再采取行动，定能一举成功。在官场上更要这样，否则会带来祸患。

04 第十计　笑里藏刀

原文

信而安之，阴以图之；备而后动，勿使有变。刚中柔外也。

按：兵书云："辞卑而益备者，进也……无约而请和者，谋也。"故凡敌人之巧言令色，皆杀机之外露也。

释义

做出诚信的姿态来稳住敌人，暗地里策划；进行积极充分的作战准备，一有机会，立即动手，不要让敌人有所察觉而采取应变措施。这就是刚中柔外的道理。

按语：《孙子兵法》说："言辞谦卑，同时暗地里更加努力备战的，意味着即将大举进攻……先前没有任何约定却主动请求媾和的，这是计谋。"所以一旦敌人做出花言巧语的伪善面目，都是杀机将露的征兆。

传世典故

郑袖是战国时期的美女，人称南后。她能歌善舞，美貌绝伦，楚怀王熊槐非常宠爱她，可她有一个最大的特点就是喜欢吃醋。

《战国策》卷十七《楚四》记载了这么一件事：魏王送了好色的楚怀王一批美女，其中有一个美女尤其漂亮，楚怀王喜爱得不得了。这个让楚怀王一见倾心的绝色佳丽就是魏美人。

魏美人容貌压倒了郑袖，而且更加年轻，让楚怀王一见倾心，从此专宠专爱魏美人，把朝廷大事都抛到九霄云外去了。

郑袖失去宠爱，自然难过，但郑袖绝非世俗女子，她懂得有泪也得往肚子里流，她决不会甘心就这样被大王冷落。想来想去，她想出了一招毒计。

郑袖满面春风地来到魏美人的宫室，笑吟吟地拉着新人的手，嘘寒问暖，关怀备至。南后郑袖的热情关怀给予新人无限的温暖。在这位大姐姐的关怀下，新人迅速地适应了宫室的环境，避免了很多不必要的尴尬。新人许多难以启齿的问题，作为过来人的郑袖总是给予十分适时得体的解答或者提醒。都说宫廷里面，妃嫔之间为了取得宠爱明争暗斗，如今，新人一点这样的感觉都没有。她只感到了情同姐妹的亲密。

魏美人年轻漂亮，自然对衣料的花色、裙装的款式都很在意，但她怎么也不会想到，郑袖吩咐给她裁制的四季服装和适合于各种场合穿着的内外衣裳，非但合身可体，而且用料考究，做工精细，款式新颖，典雅尊贵，一袭袭美轮美奂，一身身靓丽动人。她喜欢什么样的脂粉，什么样的首饰，什么样的珍玩，不管是自己想到的还是没想到的，郑袖都为她准备好了；连她的宫室装饰，卧具陈设，郑袖也给她张罗得样样周全，事事称心。魏美人觉得，她的心愿仿佛就是夫人郑袖的心愿，她的好恶仿佛就是夫人郑袖的好恶，她的快乐仿佛就是夫人郑袖的快乐，自己怎样才能表达对夫人郑袖的感激呢！而郑袖呢，所做的一切似乎都是那么心甘情愿，好像为新人提供帮助是自己义不容辞的责任。

魏美人天天承受楚怀王的恩泽，卿卿我我之后自然也说些家常，她总是情不自禁地夸奖夫人郑袖的宽阔胸襟和无微不至的关怀；楚怀王也总是赞不绝口地说起新人的种种长处，郑袖一律报之以和蔼、宽容、由衷的微笑。

楚怀王真不敢相信，夫人郑袖如此深明大义。新人千娇百媚，夫人郑袖对她关怀入微，楚怀王觉得自己不光是楚国至高无上的国君，而且是天底下最幸福的男人了。偶尔，楚怀王会难得地舍下新人，上朝料理国政，他会对着满朝文武大臣谈起自己的幸福生活："用来侍奉丈夫的，是女色；而妻妾之间争宠嫉妒，也是难免的事。可是，寡人的夫人郑袖知道寡人喜欢新人，她爱护关照新人简直超过了寡人。从这件事我明白了，孝子为什么会尽孝，忠臣为什么会尽忠的道理。"

其实，郑袖实在是不好过。看着别的女人得宠、快乐、尊荣，她的心都要碎了，恨不能把那个受宠的女人千刀万剐。不过，她忍住了恨，笑容依旧写在脸上。为了实现她的目标，她必须忍。

所有的铺垫都做完了。郑袖确认楚怀王不会以为自己嫉妒新人后，不露形迹地开始了她的最后一着了。

一次，她亲切地对新人说："妹妹，你真漂亮，难怪大王喜欢你了。每当谈起你呀，那高兴劲儿别提了，我都不知道该怎么跟你说！不过，他似乎觉得你稍稍有点遗憾……"

说者有害人之心，听者无防人之意。并且郑袖说到这里，好像为了维护新人的尊严，欲言又止；魏美人可是知道夫人郑袖是为自己好啊，要是大王对自己有不满意的地方也好改啊。于是，就急切地求着姐姐指点。

郑袖又像平常一样一肚子热心肠地跟魏美人说："其实，金无足赤，人无完人，人身都是肉长的，谁能没有一丁点儿缺憾？何况大王只是觉得你的鼻子不太好看。"

"啊？鼻子！"魏美人不知何意，慌乱地用手摸摸鼻子。郑袖接着说："妹妹呀，我帮你想个法子吧。以后你再看见大王，就用什么东西将鼻子遮住，不让大王看见，这样大王就更喜欢你了。"魏美人对郑袖的指教感激不尽。

从此，不完美的鼻子成了魏美人的心病。以后接受楚怀王的宠幸时，她都轻轻地掩上自己的鼻子，起初楚怀王也没在意。但是，时间一长，这个用手掩鼻子的动作还是让楚怀王有些不舒服。

一次，楚怀王跟郑袖谈起了这个感觉，很不耐烦地问道："那个新人见到寡人为何总是掩着鼻子？"

郑袖似乎不经意地说："哦，她跟我谈起过……"

楚怀王听了这一半直言一半遮掩的话，感到很好奇，就鼓励这个自己最信任的女人说下去。

郑袖又感受到了大王对她已经中辍了很久的亲近和信任，可是，

聪明的女人总是知道怎样把握合适的火候，是啊，她既要装作顺从大
王的命令，又要假意维护魏美人的地位，真是让她左右为难。

郑袖越是吞吞吐吐，楚怀王越是想知道答案，不停地催她，无
奈，她才犹犹豫豫地说道："新人，她，她只是不喜欢大王您身上
的气味……"

"这个小贱人！"楚怀王顿时恼羞成怒，满肚子火气不打一处
往外冒；"来人！快把那个魏国小贱人的鼻子给我割下来！"

顷刻间，年轻的魏美人就丧命了。

郑袖从此独占专宠。

"笑里藏刀"在现代商业竞争中已经被广泛运用。更多更直接的"笑里藏刀"是用在抢占市场、谋取对手的资金、人才或科技成果方面。

日本富士胶卷在攻入美国时，实力远不足与美国胶卷业巨头——柯达公司相提并论。柯达公司是世界闻名的照相器材公司，也是世界照相器材的创始者，已有一百年的历史。柯达公司在产品性能、质量和销售额等方面，在世界上都首屈一指。

富士公司经过精心研究，决定避开强大的柯达公司，表面上不与争锋，而是在柯达公司势力弱的地方发动攻势。他们主要采取了以下关键的三步棋。

第一步：在美国国内，富士选择了柯达尚未涉足的市场领域，而与较小的竞争者如凯玛特和西尔士等胶卷公司进行竞争，同时也对在美国市场竞争地位薄弱的爱克发公司进行攻击。

第二步：富士在那些发展中国家发动行销攻势，扩大销售量，磨炼其行销竞争能力，准备日后直接向柯达发难。柯达对这些国家的销售状况本来就不太关心，很快就被富士公司逐步蚕食了过去。

第三步：也是富士公司最关键的一步棋，是一步成相法彩色片的推出。1963年，世界摄影工业以彩色照相取代了黑白照相。美国另一家照相器材公司普拉公司发明了一步成相法彩色片，使摄影界轰动一时。但不知什么原因，柯达公司竟然无动于衷，认为不过是一种新游戏，在相当长的时间内既没有购买它的专利，又没有设计出另一种同类胶卷与之竞争。

富士公司敏锐地抓住了这一天赐良机，集中力量研究改进一步成相法彩色胶卷，以大批量优质价廉的产品投放到美国市场。到1976年，富士公司以16 000多职工，创造了29亿美元的利润，人力只有柯达公司的1/7，利润却超过了柯达公司的一半。

在富士公司咄咄逼人的攻势下，自20世纪80年代中期以来，柯达发现其市场占有率不断减少，不得不承认富士第一，柯达第二的现状。

智慧品读

"笑里藏刀"的代名词是"口蜜腹剑"，是口头上甜言蜜语、心里边怀着一柄寒光闪闪的剑，就像用满脸的堆笑掩盖欲杀人的刀一样。此计是一种表面友善而暗藏杀机的谋略。"笑"是一种伪装、一种武器、一种润滑剂，运用此计的关键就在于一个"笑"字。"笑"必须真实、自然、适度，让对手感觉不出是在害他。"笑"是为了"藏刀"，为此"刀"千万不能暴露出来。就像我们上面介绍的郑袖害魏美人的故事，表面上的甜言蜜语掩盖了她内心不可告人的目的。

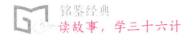
05 第十一计　李代桃僵

原文

势必有损，损阴以益阳。

按：我敌之情，各有长短。战争之事，难得全胜。而胜负之诀，即在长短之相较。而长短之相较，乃有以短胜长之秘诀。如以下驷敌上驷，以上驷敌中驷，以中驷敌下驷之类，则诚兵家独具之诡谋，非常理之可推测也。

释义

根据战局发展必然要做出某些牺牲时，要舍弃局部利益，以换取全局的优势。

按语：敌我双方的情况各有优劣。战争中的事情，很难占尽优势，方方面面全都取得胜利是很难的。胜败的关键，是双方优劣长短的较量。在这种较量中，有以短处战胜长处的巧计妙策。比如孙膑指导田忌赛马，用下等马跟对方上等马比，再用上等马跟对方中等马比，中等马跟对方下等马比。这实在是军事战略家高超的诡诈之术，不是由常规逻辑可以推测出来的。

传世典故

李代桃僵的典故出自于宋人郭茂倩辑《乐府诗集·相和歌词·鸡鸣篇》，这是一首优美的小诗，全诗五言十二句：

兄弟四五人，皆为侍中郎，

五日一时来，观者满路旁。

黄金络马头，颖颖何煌煌。

桃生露井上，李树生桃旁。

虫来啮桃根，李树代桃僵。

树木身相代，兄弟还相忘。

意思是说：兄弟几个都在朝中为官，个个都位居侍郎，每次返乡探亲，邻里围观挤满于路旁。金马银车紫袖袍，真是光芒四射。李树生长在桃树身旁，虫子去咬桃树根，李树岿然挺立，愿替桃树护卫。树木还能患难相励，兄弟之间却忘掉情谊，骨肉相残。

这本是一首讽谏世人相互怜爱甘苦与共的民歌，兵家一旦受了启迪，顿生刀光剑影的寒凉。兵家看重的是为了置敌人于死地，夺取全部胜利，哪怕牺牲局部利益，也要保全整体的胜利。李代桃僵被政治界所借鉴，则尤为引人深思。

赵盾是晋国的老臣，忠贞刚正。与他同朝为官的还有一个人叫屠岸贾。此人起初受灵公的宠信，他们是一对荒淫残暴的君臣，在桃园建造一座豪华的绛霄楼，整日在那里饮酒，酒酣之际，君臣两个各持弹弓，站在楼上，射击楼下行人取乐。百姓们头破血流，非死即伤。

赵盾看不惯这些做法，就到绛霄楼向灵公直言进谏，指出"民为邦本，本固邦宁"，弹打百姓等于自毁江山。屠岸贾就对赵盾怀恨在心。赵盾只好出走。

灵公被杀，成公继位。屠岸贾不请示国君就擅自和将领们在下宫攻袭赵氏，杀死了赵朔、赵同、赵括、赵婴齐，并且灭绝了他们的家族。

赵朔的妻子庄姬公主怀有身孕，她逃到了景公的宫里躲藏起来。赵朔的一位门客名叫公孙杵臼，杵臼对赵朔的朋友程婴说："你为什么不死？"

程婴说："赵朔的夫人有身孕，如果有幸是男孩，我就奉养他；如果是女孩，我再死也不迟。"

过了不久，赵朔的夫人分娩，生下一个男孩。屠岸贾听到后，到宫中去搜查。夫人把婴儿放在裤子里，祷告说："赵氏宗族要是灭绝，你就大哭；如果不会灭绝，你就不要出声。"

搜查到这里的时候，婴儿竟然没有出声。

脱险以后，程婴对公孙杵臼说："屠岸贾这次没找到孩子，绝对不会罢休。你看怎么办？"

公孙杵臼说："扶立遗孤和死哪件事更难？"

程婴说："死很容易，扶立遗孤很难啊。"

公孙杵臼说："赵氏的先君待您不薄，您就勉为其难吧；我去做那件容易的，让我先死吧！"

于是两人设法得到别人家的婴儿背着，给他包上漂亮的小花被，藏到深山里。

程婴从山里出来，假意对将军们说："我程婴没出息，不能扶养赵氏孤儿，谁能给我千金，我就告诉他赵氏孤儿藏在哪里。"将军们都很高兴，答应了他，就派兵跟随程婴去搜寻公孙杵臼。

杵臼假意说："程婴，你这个小人哪，当初下宫之难你不去死，跟我商量隐藏赵氏孤儿，如今你却出卖了我。即使你不能抚养，怎能忍心出卖他呢！"

他抱着婴儿大叫道："天哪！天哪！赵氏孤儿有什么罪？请你们让他活下来，只杀我杵臼吧。"将军们不答应，立刻杀了杵臼和孤儿。将军们以为赵氏孤儿确实已经死了，都很高兴。然而，真的赵氏孤儿却仍然活着，程婴设法和他一起隐藏到深山里。

十五年的光阴转眼过去。晋成公已死，新君即位，当初被排挤去驻守边关的大将军魏绛被调回朝来辅佐新君，晋国的形势有了明显的变化。韩厥将赵氏孤儿赵武还在世的实情告诉了景公。群臣杀死了屠岸贾，又把原属赵氏的封地赐给赵武。

赵氏满门冤案昭雪了，庄姬公主、赵武母子也团圆了。

到赵武行了冠礼，已是成人了，程婴就拜别了各位大夫，然后对赵武说："当初下宫的事变，人人都能死难。我并非不能去死，我是想扶立赵氏的后代。如今你已经承袭祖业，长大成人，恢复了原来的爵位，我要到地下去报告给赵宣孟和公孙杵臼。"

赵武痛哭叩头，哀痛地请求说："我要好好报答您，为您送终，难道您忍心离开我去死吗？"

程婴说："不行啊，他认为我能完成大事，所以在我之前死去；如今我不去复命，他就会以为我的任务没有完成。"

于是，程婴拔剑自刎，赵武把他与公孙杵臼合葬一墓，后人称"二义冢"。

"李代桃僵"是一种舍小保大的计谋。此计的"李"是"桃"的牺牲品，为此它们之间必定存在着一定的联系，否则无法完成替代任务。但"李"轻"桃"重，不能互换角色。因此"李"带有悲剧色彩，有时会充当替罪羊的角色。赵氏孤儿的故事是典型的"李代桃僵"计谋，那无辜的假赵氏孤儿固然是一枚代桃的李，公孙杵臼又何尝不是呢？二李代一桃，赵氏孤儿得以保存下来。不然的话，哪有以后韩、赵、魏三家分晋的局面呢？历史就要改写了。

话说回来，在现代生活里，丢卒保车的事是经常发生的，其实也就是李代桃僵故事的翻版。

智慧品读 ......

　　"李代桃僵"之计近于偷梁换柱，移花接木之类。这种智谋的作用在于舍小保大，丢卒保车，用《三十六计》的解释来说，是在形势处于必须受到损失的时候，可以损失小的而保全更大的。如此说来，"下马对上马"也就是李代桃僵了。值得注意的是，"李"与"桃"之间往往有一种特殊关系，否则，谁会拿生命去当儿戏，随随便便就代人而"僵"了呢？"两利相攻取其重，两害相权取其轻"，尽量牺牲局部以保全大局，不失为一种明智的选择。

06 第十二计　顺手牵羊

原文

微隙在所必乘；微利在所必得。少阴，少阳。

按：大军动处，其隙甚多，乘间取利，不必以战。胜固可用，败亦可用。

释义

敌人微小的漏洞，也必须及时利用；战争中微小的利益，也必须获得。要把敌方小的疏忽转变为我方可图的胜利。

按语：大部队运动经过之地，所暴露的疏漏很多。可利用疏漏争取战果，不一定非要采取作战方式。胜利之时当然可以用这个计策，失败的时候也可以运用。

传世典故

公元959年，后周显德六年，世宗柴荣突然一病而死，宰相范质受顾命扶助柴荣幼子柴宗训继立为恭帝。这时，恭帝年仅7岁，后周出现了"主少国疑"的不稳定局势，一个由殿前都点检、归德军节度使赵匡胤，与禁军高级将领石守信、王审琦、掌书记赵普等人策划的军事政变计划正在酝酿中。

公元960年，后周显德七年正月初一，忽然传来辽国联合北汉大举入侵的消息。当时主政的符太后毫无主见，执政大臣范质等人不辨真假，匆忙派遣赵匡胤统率诸军北上抵御。正月初三日，赵匡胤统率大军离开都城，夜宿距开封东北20公里的陈桥驿（今河南封丘东南陈桥镇），兵变计划就在那里付诸实践了。

当时，大军刚离开不久，东京城内就起了一阵谣传，说赵匡胤将做天子，这个谣言不知是何人所传，但多数人不信，朝中文武百官也略知一二，谁也不敢相信，却已慌作一团。赵匡胤此时虽不在朝中，但东京城内所发生的一切他都了如指掌。

民间相传，在陈桥驿的时候，发生了这么一件事：

一天，元帅帐内，赵匡胤正一个人喝着酒，喝着喝着，他突然起身向掌书记赵普的营帐走去。

来到赵普营帐，他随意看了一眼帐内，问道："赵大人，歇息得可好？"

"多谢将军关心。"赵普暗暗揣测着这位顶头上司深夜造访的含义。

赵匡胤谦虚地说："在下正有一事想请教大人。"

"将军请说，普一定知无不言。"赵普惶恐不安。

"我一直想不明白汉高祖刘邦本是一市井无赖，为什么却得了

西汉两百年天下？"

"将军，刘邦本人并无特别才能，只是他手下有一批人本事很大，刘邦的成功是他善于驾驭人才的结果。"

赵匡胤诧异道："哦？你说说，刘邦手下都有什么人才？"

赵普道："文有萧何、曹参；武有韩信、张良。"

赵匡胤道："萧何这名字倒挺熟悉的。"

赵普道："萧何乃刘邦手下第一大谋士，可以这么说，如果没有萧何，刘邦就得不到天下。"

赵匡胤看着赵普，突然发现了什么似的，嘴里连连说着"不错"，最后留下了一句"赵大人倒挺像萧何的"就走了。

赵匡胤又接着来到了其弟赵光义的营帐内。

赵光义道："不知兄长驾到，何事吩咐？"

赵匡胤一脸无奈，叹道："近来东京城内谣言四起，说点检将做天子，这是满门抄斩之罪啊！为兄担心要连累弟弟了。"

赵光义气愤地说："这一定是有人陷害，咱们行得正，没什么可怕的！"

赵匡胤又叹了一声："唉，当今新主年幼，太后又是女流，只怕他们听信谗言，灾难就要降临我赵家了。"

赵光义看着兄长，一副欲言又止的样子。赵匡胤看在眼里，他说："你有什么话尽管说，难道还有比杀头更大的罪吗？"

赵光义紧握双拳，大声说道："干脆反了吧！咱们在前方拼命，他们在朝中享福，不仅不发兵饷，还要疑来疑去。况且点检做天子也许是天意呢，我们应该顺天而行。"

赵匡胤变了脸色，一把握住宝剑怒道："住嘴！你怎能说出如此大逆不道的话来！想我们赵家世受皇恩，万万不能有此想法，今天我要替家祖杀了你这个忤逆的子孙！"

赵光义急忙上前按住剑柄，说道："兄长，现在情况紧急，要是咱们无辜受死，赵家就会绝后，你对得起九泉之下的父亲吗？"

赵匡胤听了此话，好像呆了一样，他突然面向北方跪了下来，道："先皇在上，臣赵匡胤一片忠心，日月可鉴，但是朝中大臣却不容我，我该怎么办啊？"

赵光义扶起哥哥，说道："兄长放心，只要你点头答应了，余下的事就交给我去办，不会叫你为难的。各位将军都对你忠心耿耿。"

赵匡胤不置可否，他跌跌撞撞地走出去，回到自己帐里喝酒，一会儿就烂醉如泥了。

当夜，军中起了一阵骚动，人人都在议论，说："今皇帝幼弱，不能亲政，我们为国效力破敌，有谁知晓；不如先拥立点检为皇帝，然后再出发北征"。将士的兵变情绪很快就被煽动起来。这时，赵普也明白过来了，和赵光义商量了一下，便授意将士演了一出戏。

第二天，当赵匡胤还在睡梦中的时候，忽被一阵"万岁"声惊醒，大将高怀德捧着黄袍，不由分说就披在了赵匡胤的身上，三军高呼万岁，响彻云霄。

赵匡胤推辞再三，说："你们自贪富贵，立我为天子，能从我命则可，不然，我不能为主矣。"

拥立者们一齐表示"我们都听点检的"。赵匡胤就当众宣布，回开封后，对后周的太后和小皇帝不得惊犯，对后周的公卿不得侵凌，对朝市府库不得侵掠，服从命令者有赏，违反命令者族诛，诸将士都应声"诺"！于是赵匡胤率兵变的队伍回师开封。

城内殿前都指挥使石守信、都虞侯王审琦早已恭候多时，此二人都是赵匡胤的心腹。得悉兵变成功，遂打开城门迎接，陈桥兵变的将士兵不血刃就控制了后周的都城开封。

这时，后周宰相范质等人才知道上了大当，但已无可奈何，只得率百官听命，翰林学士陶谷拿出一篇事先准备好的禅代诏书，宣布周恭帝退位。赵匡胤遂正式登皇帝位，轻易地夺取了后周政权。

由于赵匡胤在后周任归德军节度使的藩镇所在地是宋州（今河南商丘），遂以宋为国号，定都开封。历史上把赵匡胤建立的赵宋王朝称作北宋，赵匡胤死后被尊为宋太祖。这就是历史上有名的"陈桥兵变、黄袍加身"故事。

赵匡胤本是周世宗柴荣最信任的亲密战友，柴荣死后留下孤儿寡母，赵匡胤趁机广揽大权，并于迎击契丹进犯，途经陈桥驿时，在智囊赵普等人策谋下，顺手牵羊，黄袍加身，顺利夺位。赵匡胤因应时局，隐藏大志，一步步将天下纳入掌心。然天道好还，牵人羊者，人亦牵其羊，比如，赵匡胤的帝位最后就被他的亲弟弟赵光义夺去了，也许，这就是历史能够如此吸引人的缘故。

智慧品读

"顺手牵羊"字面义为：顺手把人家的羊牵走，这本是司空见惯之事，被兵家引用，则指趁势将敌捉住或乘机利用别人。现比喻乘机拿走别人的东西，更深层的含义应该是某个人在操作一项技能的时候已经达到了十分娴熟的境界所以能顺手牵羊。顺手牵羊的例子，不胜枚举。但关键还是看你有没有"顺手牵羊"的本事和谋略。

第三套
攻战计

　　攻战计是处于进攻态势的计谋，在客观条件已经具备的情况下，看谁先胜一筹，其核心是"攻"，"攻心为上，攻城次之"，心战为上，兵战次之。要疑以叩实，察而后动，巧借局势转换，争取主动，最终实现战略意图。

01 第十三计　打草惊蛇

原文

疑以叩实，察而后动。复者，阴之媒也。

按：敌力不露，阴谋深沉，未可轻进，应遍探其锋。兵书云："军旁有险阻、潢井、葭苇、山林、翳荟者，必谨复索之，此伏奸所藏处也。"

释义

情况可疑，就要侦察核实，完全掌握了实情后再行动。反反复复地侦察研究，是发现暗藏敌人及其诡计的手段。

按语：敌人把兵力隐蔽起来，计谋深藏不露。这种情况下，是不能轻举妄动的，应该全面侦察敌人兵力及其锋芒所向。《孙子兵法》说："行军途中遇到山险关隘、沼泽芦荡、林密荫蔽、草木深处，必须仔细反复地搜索，因为这是隐藏奸细和埋伏截击的地方。"

传世典故

　　"打草惊蛇"典出于唐人段成式的《酉阳杂俎》，其中记载了这样一件事。唐朝当涂县令王鲁聚敛钱财，贪赃枉法。上行下效，他手下的一个主簿都成了贪官。有一天，王鲁批阅百姓诉状，见告发这位主簿的状子上条条款款都与自己脱不了干系，大吃一惊，情不自禁地写下了八字批语："汝虽打草，吾已惊蛇。"看来，王鲁还是个有点自知之明的官儿，知道自己的为非作歹，萌生了收敛之意。

古代的兵家早就懂得运用打草惊蛇这一计谋了。

秦穆公即位后，国势日盛，已有图霸中原之意。周襄王二十五年（前628），郑文公及晋文公相继亡故。晋国都城绛（在今山西省翼城县东南）笼罩在一片悲哀中。秦国派驻郑国的大夫杞子派遣使者回国报告说："郑国人让我把守他们都城的北门，如果秘密派军队来，我们就可以轻而易举地拿下郑国。"

秦穆公得到这个情报后，立即向老臣蹇叔咨询这件事。蹇叔认为秦国军队辛辛苦苦、千里迢迢地去奔袭远方的国家，军队疲惫不堪，远方的国家以逸待劳，早有了准备，不可能获胜。

秦穆公谢绝了蹇叔的劝告，召来了百里奚的儿子孟明视、蹇叔的儿子西乞术和白乙丙三位大将，命令他们整军从东门外出发，攻打郑国。第二天一大早，大军齐集秦国的都城东门外待命出征。孟明视等三位将领全身披挂，等候国君秦穆公检阅发令。

这时，蹇叔来到大将孟明视马前，哭着说："孟将军，我看着你们率军出征，却见不着大军回来了！"

蹇叔又走到儿子所在的队列前，哭着对儿子说："晋国肯定要在崤山（在今河南省宁县西北，地势极为险要）设伏兵阻击我军。那个地方有两座山陵，南陵是夏天子皋的坟墓；北陵是周文王曾经避风雨的地方。你将葬身于二陵之间，我要到那里去收葬你的尸骨啊！"

秦军朝东方郑国进发了。

第二年春天，秦军经过滑国（在今河南省滑县）边境地区，大将军孟明视命令部队就地休息。

　　去周地做买卖的郑国商人弦高和奚施恰巧路过此地，探听到了秦军的来意后，弦高赶忙让奚施火速返回向郑国国君报告消息，自己则假托受国君的派遣远道欢迎犒赏秦军。弦高先送上了四张熟牛皮，又献上了十二头牛，对秦军接受礼物的官员说："我们的国君听说尊敬的贵宾将行军经过敝国，请允许我用微薄的礼物表达敬意，犒劳随行人员。敝国虽然弱小贫穷，不过，为了效劳，贵宾随从人员在这儿留驻一天，我们就提供一天的生活供应，做好一天的安全保卫工作。"

　　郑穆公得到报告，马上派遣使者到秦国派驻郑国的大夫杞子、逢孙、扬孙等人的宾馆察看动静。使者看到，三位秦国大夫和他们的随从捆好了行装，磨快了兵器，喂饱了马，正忙碌而紧张地进行着接应准备工作。

　　郑穆公当即派皇武子对秦大夫们说："将军们长期留驻敝国，敝国肉食粮食供应已经无力担当，能宰杀的牛羊都宰杀了，再想宰杀犒劳却没有了。你们也该走了吧。你们回到你们国君的兽苑里捕猎麋鹿。让敝国百姓安宁，各位意下如何？"杞子一帮人听明白了皇武子的话外之音，并且他们还认为郑国已经做好了反侵略的充分准备，所以就匆匆忙忙地离开了郑国。

　　孟明视了解了这些情况后，不无叹息地说："郑国已经有了防备，我们不能再抱什么幻想了。进攻不能取胜，包围又没有后续增援，我们还是撤兵回去吧！"

　　就这样，秦军乘机用兵攻打他们所在地的滑国，一举消灭了这个小国后，就打算班师回国，一路上也没做任何设防的考虑。

这时，晋国已经发动了和自己友好的部族姜戎的军队配合，对秦军形成了夹击的攻势。刚刚去世的晋文公的儿子襄公御驾亲征，晋大夫梁弘为他驾战车，晋大夫莱驹担任他的车右武士，晋襄公把一身麻衣麻带的白色孝服用墨染黑，悄悄地发兵到预设战场，并且根据周密的部署把军队分布到预定的埋伏地点。

初夏四月的一天，骄纵轻敌的孟明视率领大军到达晋国的崤山，尽管有蹇叔哭送征师的警告，但是他仍然毫无防备意识，不侦察敌情。

这天中午时分，骄阳当头，军队因为几个月的跋涉已是疲惫不堪，将士们没精打采地望着乱石林立、草木荫翳的崤山，人人眉头皱成一大把。孟明视下令，把部队分成四个部分，拉开距离，断断续续地往前行进，翻过崤山。

设下埋伏的晋军把秦军的部署看得一清二楚。当秦军先头部队进入南北二陵夹道中时，晋军的一小股兵力突然出现在秦军的视线中。孟明视这时正被太阳烘烤得火急火燎焦躁难耐，听到哨兵的报告后，不假思索地下令追击。晋军小股部队边战边退，佯装抵挡不住秦军的攻势，迅速向崤山深处溃逃。秦军穷追不舍，却没有料到这正中了晋军的诱兵之计。

孟明视看见晋军落荒而逃的样子，心中顿时畅快了许多，随即就命令全军挺进，乘胜追击。忽然间，险峰峡谷挡住了秦军的道路，眼看就要一网打尽的那一股晋军眨眼间不见了踪影，只见得前面的关口处一面"晋"字大旗猎猎飘扬，在烈日下像一团刺眼的火在熊熊燃烧。

孟明视命令把晋国大旗放倒，哪知，随着火一样的大旗落地，晋军伏兵顷刻间四面出击，秦军仿佛陷入了突如其来的森林大火中。惊慌失措的秦军进退无路，周围的峭壁绝岩间箭如雨下，乱石铺天盖地从天而降，人马相撞，鬼哭狼嚎。一会儿工夫，秦军就被杀得片甲不留，全军覆没。

晋军获得了秦军的大批辎重，生擒了秦军孟明视、西乞术和白乙丙三名主将。晋襄公凯旋京城绛，穿一身黑色戎装安葬了晋文公。晋国从此以黑衣服为丧服。

晋文公夫人是秦国人，为晋军俘获的三位秦军主帅求情，三位秦军主帅这才得以回国。

秦军不察敌情，轻举妄动，"打草惊蛇"终于遭到惨败。当然，军事上有时也可故意"打草惊蛇"而诱敌暴露，从而取得战斗的胜利。

在战场上，为摸清敌情，须用"打草惊蛇"之计谋。在商战中，面对变幻莫测的商品市场，也同样需要"打草惊蛇"。在企业经营中，产品销售是决定企业生存和发展的关键。企业生产产品，是在可行性调查的基础上生产的。一般新产品在投放市场前要有一个试销的过程，"试销"便是"打草惊蛇"的商业运用。

20世纪80年代初，某某公司是国外一家刚刚走出亏损困境的汽车公司，经理布朗为使公司利益有所好转，重振当年雄风，决定推出一种在美国制造业中已经停产销售长达十年之久的"敞篷车"。可是如果把"赌注"押在敞篷汽车上，恐怕风险会很大。当时，由于时髦的空气调节器和立体声收录机对于没有车顶的敞篷汽车毫无

意义，所以这样做将面临更大的风险。

虽然预计敞篷小客车的重新出现会引起老一辈驾车人对它的怀念，也会引起年轻一代驾车人的好奇。但是公司才从连续四年亏损的低谷中走出，再也经不起折腾。为了保险起见，公司采取了"打草惊蛇"的试销方法。

布朗指使工人用手工制造了一辆色彩新颖、造型奇特的敞篷小汽车。当时正值夏天，布朗亲自驾驶这辆敞篷小汽车在繁华的汽车主干道上行驶。

在形形色色的有顶轿车洪流中，敞篷小汽车让人眼前一亮，仿佛是来自外星球的怪物，立即吸引了一长串汽车紧随其后。甚至有几辆高级轿车把他的敞篷小汽车逼停在路旁，追随者围住布朗，提出了一连串的问题：

"这辆车是哪家公司制造的？"

"这是什么牌的汽车？"

诸如此类的问题，布朗面带微笑做了回答，心中对敞篷车的销售前景也有了初步的判断。为了进一步验证，布朗又把敞篷小汽车开到购物中心、超级市场和娱乐中心等地，每到一处，就吸引了一大群人的围观和探询。

经过几次"打草"，布朗掌握了市场的情况。于是，下定决心正式宣布将生产男爵型敞篷汽车。结果，美国各地都有大量的爱好者预付定金。

布朗利用"打草惊蛇"的谋略，准确迅速地掌握了敞篷汽车的市场销售前景，一举推出，获得了巨大的成功。

智慧品读

　　"打草惊蛇"原是借用了一句民间俗语，蛇在草丛中，草被搅动，蛇便受惊而走。后来喻指军事谋略。作为一条计谋，指的是在敌情不明或敌情可疑时，先进行试探性的佯攻，诱使敌人将真实的情况暴露出来。使用此计要切记，反复侦察，了解对手的情况之后，方可采取行动，以防掉入对手设置的陷阱。当然，此计还有另一寓意，比喻行事不周，引起了敌人的戒备，导致自己被动挨打。

02 第十四计　借尸还魂

原文

有用者，不可借；不能用者，求借。借不能用者而用之，匪我求童蒙，童蒙求我。

按：换代之际，纷立亡国之后者，固借尸还魂之意也。凡一切寄兵权于人，而代其攻守者，皆此用也。

释义

看上去有用的，不能为自己所利用；看上去没什么用的，反而可以借助它而为自己发挥作用。利用无所作为者，并且顺势控制住它，这不是我求助依附于他人，而是他人依附求助于我。

按语：每逢改朝换代之时，纷纷拥立被灭亡国君的后人为主子，其本来的意图就是利用人们效忠前朝的正统观念，施展自己图谋天下的策略。所有把武力借给他方，代替人家攻城守战的，都是这一计策的运用。

传世典故

　　"借尸还魂"来源于铁拐李的故事：李铁拐，相传名叫李凝阳，或名洪水，小字拐儿，自号李孔目。神诞之日为七月初十日。《混元仙派图》称其为吕洞宾的弟子。

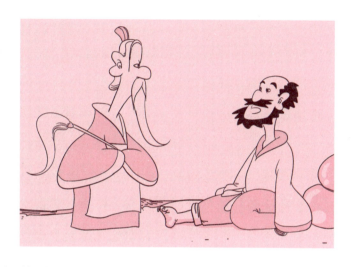

　　民间传说，他本是相貌堂堂，身材魁梧之人。在砀山洞中修行。一次，他应约参加太上老君的神仙会，魂游华山。临行前，他嘱咐其徒守魄（躯壳）七日，若七日不回，就把躯壳焚化。可是，这个徒弟的母亲突然得了急病，徒弟急着回家，就在第六日化师之魄。李凝阳游魂于第七日回归时，无魄可依，忽然看见林中有一饿死的人尸，情急之下，伏在尸首上，好不容易站起来，却觉得腿软身轻，赶紧从葫芦里倒出老君所赠仙丹，葫芦忽然闪起金光，现出一个丑恶的形象：黑面蓬头，眼睛巨大，胡须卷着，右脚还瘸了。李凝阳惊讶不已，这时听得身后有人鼓掌，回头一看是老君，他忙着要将元神跳出，老君制止，说："道行不在外貌，你这样也好。

只需功夫圆满，便是异相真仙。"老君赠给他一道金箍把那一把乱发扎起来，又给他一根拐杖帮他走路。他身后还背着一个葫芦，据说里边装着仙药，下降人间时，专门治病救人。铁拐李的形象就是这么来的。

"借尸还魂"带有浓厚的民间色彩。在中国历史上每当改朝换代的时候，一些人往往把某个已被推倒的王朝君主的后代暂时捧为新君，来作为自己争夺天下的资本，这就是"借尸还魂"。

元朝末期，朝廷强征汴梁（今河南省开封市）、大名（今河北省大名南）等十三路15万农民，在两万名戍军的监督下，开挖黄河故道。

这时，全国其他地区农民起义和少数民族起义此起彼伏，风起云涌。韩山童和他的徒弟刘福通抓住这个机会，积极准备起义。他们派教徒在治河民工中开展活动，鼓动起义反元，宣传"弥勒下生，明王出世"，意思是说，天下将要大乱，光明就在眼前。

治河开工前，韩山童等人暗地里雕刻了一尊独眼石人，在它的背上镌刻着"莫道石人一只眼，此物一出天下反"14个大字，预先埋在黄陵岗（今河南省兰考县东北）附近的黄河故道上。与此同时，他们四处散布民谣"石人一只眼，挑动黄河天下反"。

一天，治河民工果然挖出了独眼石人，消息不胫而走。传说流布的地方，人人都非常惊诧，认为"挑动黄河天下反"的民谣应验了，天下真的要大乱了。

五月初，韩山童、刘福通聚众三千人，在颍州颍上县宣布起义。红巾大起义爆发了。

韩山童在会上发布文告，自称是宋徽宗的八代孙，宋朝灭亡后逃到海外，现在从日本借来精兵，要恢复大宋的天下。他们还宣布，刘福通是宋朝大将刘光世的后代，应当辅助韩山童夺取天下，光复大宋。

红巾军起义震动了全国，深受元朝残暴统治的广大人民纷起响应，刘福通的队伍不断壮大，很快占领了安徽、河南的一些地方，人马发展到了十万。但在元朝大军的镇压下，一部分红巾起义军被镇压，参加红巾大起义的朱元璋最后夺去政权，建立明朝。

韩山童、刘福通自知出身不高，没有足够的号召力，所以借用宋朝皇室和大将的后代，用以号召大家起来反抗元朝的统治，这就是"借尸还魂"计策的运用。

"借尸还魂"这一计策也被商家广泛地应用，通常在经营出现下滑或不景气时，借助一些尚无作为的事物，使其死灰复燃，化腐朽为神奇。

1957年，美国芝加哥市举办全国性的展览会。参展的厂商既有赫赫有名的大公司，也有名不见经传的小企业。展厅的显著位置几乎全被各大厂家占领。那些小而无名的企业统统被挤到侧厅或角落。难道这些小企业就心甘寂寞吗？

开展的头几天，海因茨食品公司的经理发现自己的展台处于展览大厅的死角，连续几天冷冷清清，无人问津，照此下去岂不将失去赚钱的大好时机。如果在展厅内张贴海报或广告，效果不见得好，而且还要另花一笔管理费。于是，他派人到展厅中心将原来做广告用的大量铜牌撤下，立即在铜牌背面加上一行小字，将其小心地撒在展厅地板上，然后又准备了丰富的纪念品，等待着奇迹的出现。

这时，奇迹出现了，前来参观的人们常常从地板上捡到一枚枚精致的小铜牌，铜牌正面写有"海因茨食品公司"的字样，背面是一行小字——"持有此铜牌者，可到左侧厅第一展台领取纪念品"。于是本来门可罗雀的海因茨食品公司展台，立即被那些拾到铜牌又怀有很大好奇心的人们挤得水泄不通。果然不出他所料，小小的展台前真是盛况空前，公司的名声急剧提高。到展览会闭幕时，海因茨食品公司的销售额达到600万美元，丝毫不逊色于那些大公司。

一个小小的铜牌，带动了整个企业，使企业摆脱了困境。精明的商家及时改变了广告策略，给消费者以小实惠，从而赢得了消费者。

智慧品读

"借尸还魂"来自道教故事，比喻人死了，灵魂可以依附在别人的尸体上，借以复活。作为一种计策，则指假借外力或其他外部条件给自己制造机会。从铁拐李借尸还魂的故事来看，此计一般用在被动或是其他一些不利的被动局面之中，名为"借尸"实为"还魂"。当自己的力量不足以抗衡时，就要借助一切可以利用的力量，以壮大自己的力量；借助一切可以利用的形式，以实现自己的目标。

03 第十五计　调虎离山

原文

待天以困之，用人以诱之，往蹇来返。

按：兵书曰："下政攻城。"若攻坚，则自取败亡矣。敌既得地利，则不可以争其地。且敌有主而势大。有主，则非利不来趋；势大，则非天人合用，不能胜。

释义

等待自然条件形成有利的时机去围困他，用人为的假象来诱骗他，想方设法把敌人给调动出来，等他攻打我方时再跟他交战。

按语：《孙子兵法》说：攻城是下策。如果强行攻打坚固的城堡，那就无异于自取灭亡。敌人已经得到了有利的地势，就不应跟他争夺地盘，更何况敌人占尽优势，又有所准备，并且还兵力强大。这样的敌人，如果不是有利可图是不会轻易出城前来交战的；敌军兵力强盛，如果不具备有利的时机和良好的士气等主观条件，

就不可能取得胜利。

传世典故

东汉末年，数千羌族人叛乱，把受命平叛的武都太尉虞诩阻逼到陈仓崤谷。虞诩就此驻扎下来，没有进军，向士兵宣布已经向朝廷请求援兵，必须等到援军抵达再发兵前进。羌族叛乱武装听到这个消息，就兵马四散，到邻县掠夺财物去了。虞诩乘机日夜兼程，每天行军一百多里路。途中命令士兵各自修造两个炊灶，逐日加倍增添。羌人看到这种情况，认为朝廷援兵陆续抵达，不敢进逼，虞诩因而大败羌人。虞诩扬言援兵抵达才发兵前进的话，是欺骗敌人的计谋；日夜兼程行军赶路，是利用敌人四散掠夺给自己带来的时机；逐日加倍增添炊灶，是用援兵已到的假象迷惑敌人。虞诩的调虎离山计就这样使自己化险为夷。

虞诩之后的几十年，中原大乱，军阀割据。曹操和袁绍在北方争战激烈，这时，南方有一支割据势力逐渐壮大起来，这就是占据江东（今长江下游的江南地区）的孙策、孙权兄弟。

孙策的父亲是长沙太守孙坚，原是袁术的部下。孙坚死后，17岁的孙策带兵投靠袁术。袁术看他少年英俊，又有大志向，很喜欢他，但袁术并不重用孙策。孙策曾经想当一个郡太守，袁术没让他做。孙策的舅父吴景在江东丹阳（今安徽宣城）当太守，被扬州刺史刘繇逼走。孙策向袁术要求让他到江东去帮舅父打刘繇。袁术跟刘繇也有矛盾，才拨了1000人马给孙策。

孙策向南进兵。一路上，有许多人投奔他。到了历阳（今安徽和县），兵力扩充到了五六千人。孙策有个从小就很亲密的朋友周瑜，也带了人马来会合，孙策的力量就壮大了。

公元199年，孙策欲向北推进，准备夺取江北卢江郡。卢江郡南依长江之险，北有淮水阻隔，易守难攻。占据卢江的军阀刘勋势力强大，野心勃勃。孙策知道，如果硬攻，取胜的机会很小。他和众将商量，定出了一条调虎离山的妙计。

刘勋这个人很贪财，孙策就派人给刘勋送去一份厚礼和一封信，在信中，孙策把刘勋大大地吹捧了一番，说："将军您功名远扬，天下谁人不知，谁人不晓，我孙策非常仰慕将军，希望与将军交好。"孙策还以自己年轻力弱为由向刘勋求救。他说："上缭（今江西修水县东南）那边经常派兵侵扰我们，我年纪小，力量弱，无力远征，请求将军发兵降服上缭，我们感激不尽。"刘勋见孙策极力讨好他，还有一份厚礼，特别得意。上缭一带又是富庶之地，刘勋早就想夺取了，如今见孙策软弱无力，免去后顾之忧，遂决定发兵上缭。刘勋的部将刘晔觉得不妥，极力劝阻，说："将军不可轻信孙策之言，别看这小子人小，心眼多着呢。"刘勋哪里听得进去，他已经被孙策的厚礼及甜言蜜语迷惑住了。

于是，刘勋亲自率领几万兵马去攻上缭。

孙策则时刻监视着刘勋的行动，见刘勋把几万兵马带走了，卢江城内空虚，心中大喜，和他的部将说："老虎已被我调出山了，我们赶快去占据它的老窝吧！"于是立即率领兵马，水陆并进袭击卢江，几乎没有遇到顽强抵抗，就十分顺利地控制了卢江。

刘勋猛攻上缭，却一直不能取胜，突然得报，孙策已取了卢江，情知中计，后悔已经来不及了，只得灰溜溜地投奔曹操去了。

　　少年孙策运用"调虎离山"之计可谓到了极致，在现代，人们把这一计谋进一步发展，利用不利的自然环境困扰敌人。主动进攻有危险，诱敌来攻则有利。

　　历史上各种势力，无时不在营造地盘或势力范围，并且倚仗地盘进行较量与争斗。而调虎离山，一直是一股势力兼并另一股势力的惯用之法。通常是将最重要或最危险的敌手引出他的地盘，使他失去反抗的屏障。

解放战争时期，解放军某部奉命进入东北剿匪。锅盔山主峰方圆几百里都是茂密的原始森林，是当地极其难登的山峰。可是当地的土匪头子马希山和他手下的300多人就占据了其中的一个山洞，可谓是占山为王。那么，想要消灭这顽固的势力，就得动一番脑筋了。剿匪参谋长少剑波想来想去，最后把目标选在离锅盔山峰10多里外的绥芬大甸子村。他的计谋是以在此村里进行土改为由，引马希山出洞，调虎离山。

轰轰烈烈的土改就在大甸子村展开了，小分队首先没收了当地三个大地主的财产，分给贫下中农。不出少剑波所料，地主赵大发急忙向马希山求救。马希山认为以自己的势力足以打垮土改小分队。于是，他下令当晚下山。但马希山做梦都没有想到，少剑波率领小分队，以最快的速度绕道上了锅盔山主峰，全部摧毁马希山的匪穴。

少剑波等充分认识到马希山占据有利的地理位置，直接攻取恐怕会付出太大的代价。他在绥芬大甸子村进行土改，正中了土匪的要害，结果成功地引"虎"出山，全歼其匪穴。老虎离开了深山密林，失去了依傍，自然也就好对付了。

智慧品读

"虎"乃百兽之王，也指威武勇士。在"调虎离山"这一计谋中，"虎"是指明显强于自己的敌手，"山"指有利的地形或时机等条件。当敌手占据有利的形势时就很难取胜，聪明的做法是引蛇出洞再攻打。此计的关键在于"调"，要善于调动敌人，使强敌离开赖以生存的有利的环境或其充分控制的领域，然后将其制服。

04 第十六计　欲擒故纵

原文

　　逼则反兵，走则减势。紧随勿迫，累其气力，消其斗志，散而后擒，兵不血刃。需，有孚，光。

　　按：所谓纵者，非放之也，随之，而稍松之耳。"穷寇勿追"，亦即此意。盖不追者，非不随也，不迫之而已。

释义

　　敌人被逼得走投无路，他就会拼命反扑；若给他一线生路放他逃跑，反而更能挫伤削弱他的士气。追击逃敌得尾随着他，但又不要逼近，这样能使他消耗体力，斗志衰减，等敌人溃不成军一盘散沙的时候再下手捕捉，无须流血就能够不战而胜。根据《周易·需卦》的原理，等待时机而不逼迫敌人，就能使他降服归顺，这对战争是有利的。

　　按语：所谓"纵"，不是释放到手的敌人，让他随意逃窜，而是要跟随在他的后面，只不过稍微放松他一下罢了。孙子说的"穷寇勿追"，也是这个意思。而所谓的不追击，不是不尾随，只不过不把敌人追逼到绝路上罢了。

传世典故

诸葛亮七次释放了捉到手的孟获，又屡次捉住了他，就是释放了再跟踪他，反反复复曲折推进，把蜀汉的疆域扩展到南方少数民族边远地区。诸葛亮的七次释放，目的就是拓展疆域，并且利用孟获在边疆少数民族地区的影响来降服南方各部族。

早在诸葛亮和刘备一起开创大业的时候，刘备就用过一回欲擒故纵的计谋。

当年，曹操大军兵临徐州城下，徐州牧陶谦自知难以抵挡，便采纳别驾从事糜竺的建议，请北海相孔融、青州刺史田楷前来相救。孔融又请刘备同去救陶谦。刘备遂欣然带领关羽、张飞、赵云和数千人马奔赴徐州。刘备率军在徐州城下与曹军于禁所部小试锋芒，初战告捷，使久被曹军围困的徐州暂时缓解了危机。于是陶谦急令将刘备迎入城内，盛宴款待。陶谦席间便主动提出将徐州让给刘备。当时刘备连个地盘都没有，对地理位置极其重要的徐州早就垂涎三尺了，可是，他却假意推辞，不肯接受。

后来，刘备又写信给曹操，希望曹操以国家大义为重，撤走围困徐州之兵。恰好这时吕布攻破兖州，进占濮阳，威胁曹操后方。因而曹操便顺水推舟，卖个人情，接受刘备建议，退兵而去。

陶谦见曹军撤走，徐州转危为安，便差人请刘备、孔融、田楷等入城聚会，庆祝解围，并再次请刘备治理徐州。刘备还是苦苦推辞。

这年年底，陶谦染病，日渐沉重，便派人以商议军务为名将刘备请来，躺在病榻上劝刘备接受徐州牌印，刘备还是辞让，陶谦便以手指心而死。这就是刘备"三让徐州"的故事。

当然，刘备最后还是接受了徐州大权，担任徐州牧。刘备想得到徐州是谁都明白的事，只是想给人留下正人君子的形象，收买人心罢了。刘备越是推辞，陶谦等人越是劝说，结果，刘备名利双收。

自古以来，"欲擒故纵"被广泛用于战场上。在商界，这样的计谋也常被运用。在经济发达、商业竞争的今天，谁抓住了机遇谁就赢得了市场。一个成功的商人往往在开发新市场时采用"欲擒故纵"的办法，最后占领市场。

日本的"佳能"牌相机是世界名牌产品。但是，当它们走进中国改革开放的大市场时，已经慢了半拍。别的牌子的相机早已抢先占领了中国市场。但"佳能"公司决不会望着中国这个巨大的市场而止步。怎样占领中国市场呢？他们上演了一出经过精心策划的好戏。

佳能公司借助跟中国摄影家进行文化交流的机会，调查发现，中国众多的摄影工作者、爱好者只能从样本资料上了解佳能相机EOS的性能，从商店的橱窗里看到它的模样。人们不可能去摸一摸、试一试EOS的功能究竟怎么样。佳能公司上海事务所为了使EOS与中国的消费者熟悉起来，成为"好朋友"，就想出了下面这一招。他们把大批佳能EOS借给上海的记者，让他们免费使用40天，同时又请维修部的专家讲解它的功用、性能。1992年夏天，上海各大报纸和许多摄影记者都用上了"佳能EOS"照相机。从EOS1到EOS1000，都配有各种款式的镜头。拿起相机发现，每个上面都贴有一张标签"佳能赞助器材"。记者们使用得相当认真，开始时小心翼翼，后来就随心所欲地拍起来……40天匆匆而过，记者们送还相机时都恋恋不舍。不久，一些记者通知佳能公司上海事务所，他们准备购置一批EOS……佳能公司以欲取故予的策略打开了中国的市场之门。

佳能公司打开中国市场大门之法实在令人叫绝。他们采取的是欲取故予的策略，钓上了中国顾客。在商业谈判中，也经常运用"欲擒故纵"的技巧。但这时更多的是带有一些要挟的味道，要想获利更多，就要看谁掌握的材料更多，应用技巧更高。这也就和我们生活中购买商品讨价还价是一个道理。你越是急切要买，他便越是不肯让利；你似乎漫不经心，他却一再大放血。

智慧品读

"欲擒故纵"也是老子哲学思想的解读，只是老子讲述的是自然界的道理，被引用到社会领域，就有了浓重的权术色彩。"擒"和"纵"是一对矛盾，"纵"是策略、是计谋，"擒"是最终目的。纵敌必须要保证擒敌，如果不能保证这一点，将会是一日纵敌，百日为患。纵敌不是要使之日益强大，而是要麻痹其意志，或消耗其体力，瓦解其斗志，以达到擒拿敌人的目的。

05 第十七计　抛砖引玉

原文

类以诱之，击蒙也。

按：诱敌之法甚多，最妙之法，不在疑似之间，而在类同，以固其惑。以旌旗金鼓诱敌者，疑似也；以老弱粮草诱敌者，则类同也。

释义

用十分相似的手段迷惑敌人，使敌人懵懂上当。

按语：迷惑敌人的方法很多，最巧妙的方法不是似是而非的手段，而是用看似毫无差别的手段反复刺激敌人，强化他的错觉。插挂军旗鸣锣击鼓虚张声势，属似是而非；用老兵残卒和缺粮断草诱骗敌人，是弄假成真的高招。

传世典故

唐代诗人常建听说赵嘏要去游览苏州的灵岩寺。为了请赵嘏作诗，常建先在庙壁比较显眼的地方题写了两句诗，赵嘏见到后，立刻提笔续写了两句，并且比前两句写得要好。这样四句合在一起，便成了一首完整的绝句。后来文人称常建的这种作法为"抛砖引玉"。

"抛砖引玉"用在军事上，往往是以很小的代价来获取更大的好处，做出较小的牺牲，却可赢得较大的胜利。不过，这个计策用得最多的还是不见刀剑的战场。

战国时期，有著名的四大公子，他们是齐国的孟尝君、赵国的平原君、魏国的信陵君和楚国的春申君。他们都以养士而闻名天下。

齐国的孟尝君喜欢延揽诸侯宾客，甚至不吝惜家产厚待宾客，一时之间，天下贤士慕名而来，门下聚集了几千食客，他们都住在孟尝君的家中，经常讨论国家大事。冯谖就是其中的一个。这个冯谖常常在孟尝君家一住就是很长一段时间，但是却什么事都不做，什么话也不说，孟尝君虽然觉得很奇怪，但是好客的他还是热情招待冯谖。

不仅如此，孟尝君还对冯谖尊敬有加，命令给他准备车马，比照着可以乘车门客的待遇。

几千人的食客开销，对孟尝君是一个沉重的经济负担，他把自己封邑上的全部收入都用在门客的生活费用和相关的开销上，仍然还是捉襟见肘。于是，他就在自己的封地薛向百姓放贷。不料，正赶上年成不好，贷款的本息都不好收，他就想在手下这些门客中间选一人去收贷。

几千个门客平时口若悬河，可一旦用到他们了，却谁都不敢出头了。这时，冯谖站出来说："我能。"

于是，冯谖坐上了孟尝君为他特意安排的车，把债券也都安顿到了车上。临行前，冯谖忽然问孟尝君："收完债，用债款买些什么回来？"

孟尝君以一贯的贵族口吻说："看看我家缺什么，先生您就看着办吧？"

冯谖到了薛地，就让地方官把应当还债的人都叫来，核验债券借据，所有的借据都验完了以后，冯谖以主人的口吻高声宣布："孟尝君把所有的债款都赐给老百姓了。"说完，亲自点了一把火，把债券全烧了。百姓正因为无力还债而愁眉不展，见此情景，都连声称赞孟尝君，心里充满感激。

冯谖连夜赶回齐都，向孟尝君汇报。孟尝君看他这么快就回来，高兴地问："债务全都办理完了吗？"

冯谖说："全办好了。"

孟尝君问："买了什么带回来了？"

冯谖说："我看您家里也不缺什么，只是缺少一个'义'字，所以，我私自做主给您买了'义'。"

冯谖还为孟尝君讲了一大套道理，孟尝君正想用这笔钱解决目前的困难呢，如今，让冯谖全给办砸了，憋了一肚子的火，又不好发作，只淡淡地说："算了，先生您回去歇着吧。"

　　不久，孟尝君被齐王解除了相位，不得不前往薛地定居。孟尝君的车驾离薛地还有一百多里地，闻讯而来的老百姓就远道而来欢迎他了，孟尝君这才知道冯谖的才能，对冯谖说："先生为我买'义'，我今天终于见到了。"刚刚还非常失意的孟尝君满面春风地朝着欢迎他的人群致意。

　　冯谖把自己当作"砖"抛了出去，最后给自己的主人赢得了"玉"，使主人在失意的时候得以重振信心，这就是冯谖的高明之处。

　　在今天的商界，人们常会看到一些企业不惜解囊对社会上一些福利事业或文化活动予以赞助，有的甚至愿出百万千万资金。人们也许迷惑不解，这些事情与这些赞助企业毫无关联，这样的重金赞助有什么好处呢？

　　国外善于做福利事业的大企业更是不胜枚举。

　　美国的菲利浦-莫里斯公司是一家热衷于赞助事业的有名公

司，这家公司是美国500家大公司之一，是生产"世界销量第一"的"万宝路"香烟和食品、饮料的跨国公司。总部设在纽约，生意遍及五大洲，年营业额超过百亿美元，雇员114 000人。

菲利浦–莫里斯公司长期以来把赞助作为一种有效的推销术，它每年都制订赞助计划，拨出大量财力和人力支持世界各国的一些文化事业活动。它所赞助的范围很广，包括美术、音乐、舞蹈、戏剧。如1985年，它赞助的项目有："20世纪艺术中的原始主义"美术展在美国底特律和达拉斯巡回展出；"捷克斯洛伐克犹太工艺美术"在美国、加拿大巡回展出；反映形成美国南部艺术特色的"南方民间艺术"在纽约展出；在联邦德国举办瑞士画家保尔·柯里的"五千张个人画展"；在巴西的圣保罗，赞助马里达·彼德罗索的雕塑展；在危地马拉，赞助当地的纺织展览；在意大利罗马和法国巴黎赞助了这两座历史名城的比较展；纽约市摄影作品到东京和北京的展出等也给予了赞助。

菲利浦–莫里斯公司还赞助了许多演出。如对弗吉尼亚莎士比亚戏剧艺术节的赞助，艺术节期间请剧团到该公司的里奇蒙特生产中心进行了7场演出，公司的职工还与剧团演员联欢交谈，密切了工厂与艺术家的关系。艺术节名誉主席海伦·海吐斯说："戏剧进入工厂，这标志着大公司赞助艺术事业的新发展。"菲利浦–莫里斯公司对音乐方面的赞助更是繁多了，1986年，它赞助了以琼·格里洛为首的美国纽约大都会歌剧院歌唱家访华演出。尤以1986年的"菲利浦–莫里斯爵士基金会"影响最大，这是一个由最有名的艺术家组成的"菲利浦–莫里斯超级乐队"，他们用20天时间访问了欧洲的安特卫普、布鲁塞尔、海牙、洛桑、伦敦、巴黎、米兰、马德里、慕尼黑等11个城市。伦敦《金融时报》评称这次巡回演出是"一个跨国公司大规模地赞助包括爵士音乐在内的艺术活动中，一次积极的富有成果的方式。"

以生产香烟和食品的公司每年花上千万美元的巨款去赞助与本公司经营的产品毫不相干的事情。眼光短浅的人认为这是白费钱或愚蠢之举，而菲利浦－莫里斯公司董事会主席兼首席执行官哈米什·马克斯韦尔则认为："我们作为社会的一员，除了像其他公司一样生产产品，提供劳务和就业机会，向政府纳税，为股东增加利润外，我们还懂得社会的其他需要。为此，我们准备履行和我们公司的地位相适应的义务，为社会福利做出贡献。"他还进一步解释说："没有社会的发展，就不可能有商业的繁荣。对于一个公司来说，参与社会发展比单纯追求经济利益更为重要。作为菲利浦－莫里斯公司的人，我们一直在探索创造性思想。我们想通过我们作为法人团体的努力使这种探索方式生动、活泼一些。这样使我们的雇员们意识到，他们是在一个有促进力的环境里工作，可以使他们以及我们与之打交道的其他人都以和菲利浦－莫里斯公司合作为荣。"

该公司就是通过把自己和整个社会的利益和需要联系起来，通过赞助文化事业密切了公司与社会的关系，从而扩大公司的影响和知名度，反过来促进本公司的产品销售，事实证明确实起到了这两方面的作用。如"万宝路"香烟在泰国市场原来是没有销路的，自从它赞助了"大都会环球歌剧使者"在泰国和东南亚巡回演出以后，逐渐就打开了该国的市场，真是起到了"抛砖引玉"的作用。

赞助表面上是企业出了钱，事实上，出钱的是消费者和其所在地政府的税收部门。因为其赞助费是在税前支出的，企业本身所承担的只是一小部分而已。所以，这样的"抛玉引市"是一种十分明智的为企业树立形象的推销术。

智慧品读

"抛砖引玉"就是抛出砖头，引来玉石。"砖"，指的是小利，是诱饵；"玉"，指的是作战的目的，即大的胜利。"抛砖"，是达到目的的手段，"引玉"，才是目的。钓鱼需用钓饵，先让鱼儿尝到一点甜头，它才会上钩；敌人占了一点便宜，才会误入圈套，吃大亏。发表粗浅的、不成熟的意见或者文艺作品，引出别人高明、完美的意见或作品，常被称为抛砖引玉。

06 第十八计　擒贼擒王

原文

摧其坚，夺其魁，以解其体。龙战于野，其道穷也。

按：攻胜，则利不胜取。取小遗大，卒之利，将之累，帅之害，功之亏也。全胜而不摧坚擒王，是纵虎归山也。擒王之法，不可徒辨旌旗，而当察其阵中之首动。

释义

摧毁敌人的中坚力量，抓获敌人的首领，就可使敌人全军解体。无首的群龙在旷野拼斗，那就是到了末路了。

按语：攻伐取得了胜利，就会有取之不尽的战利品。如果只是拿点儿不重要的小东西，而丢下了大的战果，这是士兵们的小利，将领的累赘麻烦，主帅的灾害祸患，整个战斗的成功可能因此而毁于一旦。获得了整体性的胜利，却没有击垮敌人的主力，没有捉住它的首领，这跟放虎归山没什么两样。捉拿敌人首领的方法，不能只从辨识敌人的帅旗上着眼，应当注意观察敌军阵营行止的趋向所在。

传世典故

唐代大诗人杜甫有一首《前出塞》，诗中，这位戎马十年的征夫用当年的作战歌谣述说自己的身世之叹：

挽弓当挽强，用箭当用长。

射人先射马，擒贼先擒王。

杀人亦有限，列国自有疆。

苟能制侵陵，岂在多杀伤。

射人先射马，马一旦倒下了，士兵失去了马这个重要的作战工具，便无法驰骋疆场了。擒贼先擒王，首领被捉了，敌军自然就乱了阵脚。

唐肃宗时，张巡和尹子奇作战，队伍径直冲杀到贼将尹子奇营帐帅旗之下，敌军混乱不堪。张巡部队接连斩杀敌将50多个、士兵5000多人。张巡想弯弓射杀尹子奇，但又不能辨识，便让士兵削尖蒿杆当箭用。中了蒿杆的贼兵非常高兴，说张巡部队箭支用完了，赶忙跑去报告尹子奇。张巡于是得到了敌将的位置，立即命令南霁云放箭，正射中了尹子奇左眼，差点擒获了他。尹子奇草草收兵，败退而去。

唐肃宗以后，经过安史之乱，国家开始由鼎盛走向衰弱，各地出现了藩镇割据的局面。各地节度使割据一方，独揽军政、财政大权，营造自己的独立王国，并在实力雄厚之时抗拒朝廷。唐王朝为了维护统一的局面，开始致力于削平藩镇割据。

元和九年（814），淮西节度使吴少阳病死，他的儿子吴元济隐瞒死讯，自作主张统领起了淮西节度使的军政事务。

唐宪宗一向有志于削平藩镇，他任命忠武节度副使李光颜为节度使，以严绶为申、光、蔡招抚使，督促各道兵马围剿吴元济。吴元济不把朝廷的围剿放在眼里，反而变本加厉放纵兵马侵扰劫掠，危害所及达到了东都洛阳的辖区。

元和十年（815），唐宪宗削去了吴元济的官职和爵位，命令宣武等十六道联合出击讨伐吴元济。

吴元济的存亡关系着山东、河北割据势力的前途命运，王承宗和李师道暗中配合，李师道派人潜入河阴漕院（在今河南省荥阳北），杀人放火，劫财害命，还派刺客暗杀了力主对淮西用兵的宰相武元衡。

唐军大败，朝廷为之震惊。元和十一年（816），唐宪宗任命名将李晟之子、太子詹事李愬为西路唐军统帅。

李愬赴任来到唐州，唐州将士在经受了吴元济的挫伤后非常害怕战争。李愬了解到了军队的惧战畏敌心理，安慰前来迎接的人说："天子知道我柔弱怯懦，能忍受耻辱，所以才让我来抚慰大家。至于攻城略地的战事，就不是我的事情了。"唐州的将士听了这些话，心里宽慰了许多。

淮西军也因屡次打败唐军，见李愬名卑位低，对他掉以轻心，

对西路军也不严加防范。

实际上，李愬到任不久就开始谋划袭击吴元济的老巢蔡州了。他一方面上书朝廷请求增兵，一方面加强巡逻侦察。

元和十二年（817）二月初，李愬部下擒获了吴元济的骁将丁士良。丁士良骁勇善战，给唐州、邓州造成了很大的危害。李愬的部下纷纷请求把丁士良的心剜出来以解心头痛恨，李愬则收服了丁士良，丁士良向李愬献计，擒获了文城栅吴秀琳部主谋陈光洽。吴秀琳率部3000人归附唐军。西路唐军士气大增。

李愬又根据吴秀琳提供的情况，活捉了淮西名将李祐，使李祐心悦诚服地为朝廷出力。

李愬要攻打蔡州，李祐向李愬进言："吴元济的蔡州精兵强将全部都派驻到洄曲和四面边境防线上去了，守城的大都是老弱残疾的兵马，可以乘他空虚之时挥军直抵蔡州城下。等到守城将领发现城池被困，吴元济已经被生擒在手了。"李愬采纳了这个计策。

随即，李愬命令李祐、李忠义率领3000名敢死队"突将"作为先头部队，自己和监军率领3000兵马作为中军，命令李进诚率3000名士卒殿后。在风雪之夜，唐军强行军70里，来到了蔡州城下。李祐、李忠义和将士们在城墙上用镢头掘出可供攀爬的坑坎，自己率先登上城墙，挑选出的强壮兵卒迅速跟随上去，蔡州城守卒还在熟睡之中，就全部被李祐等将士斩杀得一个不剩了。

当雄鸡高唱之时，雪停了下来，李愬这时已经进入了吴元济的外宅。

李愬派李进诚攻打牙城，捣毁了它的外门，获取了牙城兵器库里的武器。这时，天已破晓，李进诚再一次发起了更为猛烈的进攻，放火焚烧了牙城南门，附近的老百姓争先恐后地背来柴火，火上浇油帮助官军。官军射向牙城的箭支像刺猬毛一样密密匝匝。陷入绝境的吴元济在城上请罪投降。

　　吴元济被捉的当天，申、光二州和淮西各镇的敌军有两万多人前来归降。

　　这年的十一月初，唐宪宗驾临兴安门，出席接受战俘仪式，把吴元济作为献给宗庙社稷的祭礼，斩杀在独柳之下。

　　淮西平定后，各藩镇恐惧不安，相继上表归降。

　　李愬以三千兵勇，借风雪一夜，突袭吴元济老巢，在蔡州活捉敌魁吴元济。此一战不仅结束了长达5年之久的平叛，结束了蔡州长达52年的割据局面，稳定了大唐基业，也使李愬一战成名，为万民仰望。

　　李愬受命以后，没有采取硬碰硬的军事战略，而是采取一系列措施，擒获并收服一些小头目，最后，擒获敌首，可谓擒贼擒王，最终赢得了胜利。

智慧品读

　　"擒贼擒王"是战争中的一个环节，一般来说，应在自己掌握了主动权，处于势如破竹、所向披靡的有利时机时才考虑的具体措施。在一个组织中，最关键的人物只有少数，甚至只有一个，那就是首脑。一旦首脑倒下了，组织便树倒猢狲散。所以，要消灭和瓦解一个组织，攻击的重心是它的首领和核心人物，一旦把他们击倒，势必群龙无首，组织就被破坏，这就叫擒贼擒王。

第四套
混战计

　　这六计施用于敌友不分，各方混战的态势，其精髓就在于一个"浑"字，在实际运用中，示人以"浑"而实则"清"，让对手摸不着头脑，乱其心志，然后引诱其按自己的意图行事，以达到乱中取胜的目的。

01 第十九计　釜底抽薪

原文

不敌其力，而消其势，兑下乾上之象。

按：水沸者，力也，火之力也，阳中之阳也，锐不可当；薪者，火之魄也，即力之势也，阳中之阴也，近而无害。故力不可当而势犹可消。《尉缭子》曰："气实则斗，气夺则走。"而夺气之法，则在攻心。

释义

不要攻打敌人最坚固的部分，而是要顿挫它的气势。这就是对《周易·履卦》以柔克刚原理的推理衍化。

按语：水沸腾，靠的是一种外部的力量，也就是火的作用。火的力量至刚至强，它蔓延的势头没有什么可以阻挡。柴火，是火的魂灵，是火的力量的来源，也是火势至阳至强的烈焰所掩盖着的决定火势的东西，但是靠近它没有危害。所以火蔓延的力量不能阻挡，但是火蔓延的势头却可以消解。《尉缭子》说："士气高昂就斗志旺盛，士气消沉就会溃散。"削弱敌人士气的方法，就是运用"攻心"的心理战术。

传世典故

公元前265年，赵惠文王去世，太子丹即位，这就是赵孝成王。赵孝成王年幼，就由他的母亲赵太后执政。这时，秦国加紧攻赵。根据群臣的建议，赵太后决定向齐国求救。使臣火速赶往齐国，带回来的消息说："齐国一定要把长安君作为人质，只要长安君到了，就派兵。"

长安君是赵太后的小儿子，惠文王死了，赵太后就格外心疼这个小儿子，仿佛对小儿子的怜爱寄托着对辞世的丈夫的怀念。如今听说齐国要求让小儿子去做人质，非常气愤。可是救兵如救火，秦国进攻指日可待，赵国的大臣们惶惶不可终日，明明知道赵太后不肯让长安君去做人质，可还是三番五次地去进谏，要求赵太后答应齐国的条件。赵太后急了，怒气冲冲地对左右的人说："有哪个再来说要长安君为人质的，我就要把唾沫吐在他的脸上。"

就在这紧要关头，左师官触龙希望晋见太后，太后气冲冲地等着他。触龙迈着小碎步，来到宫中，到了太后跟前谢罪道："老臣脚上有毛病，竟不能快走几步向您施礼。好久都没拜见您了，我这心里老是念叨着您，一直想来看看您。"

太后道："我身体也不怎么样，行动都得靠车子。"

触龙又问："每日饮食怎么样，该没减少吧？"

太后道："只是吃点稀饭罢了。"

触龙说："老臣近来胃口也不好，什么也不想吃，只勉强散散步，每天走三四里，稍稍增加了一些食欲，身体也觉得好了一点。"

太后说："我做不到啊。"

触龙和太后絮絮叨叨地说了半天，太后的怒色稍稍地消了些。

触龙看到太后神色缓和了，就把话题转到了长安君上。

触龙说："老臣的贱子舒祺年岁最小，不成器得很，而我已经老了，心里很怜爱他，希望他能充当一名卫士，来保卫王宫。请太后宽恕我的冒昧。"

太后答道："行啊，他多大了？"

触龙道："15岁了。虽然年纪小了点，但是我希望在我没死之前把他托付给太后，让他日后有个生活的出路。"

触龙爱子的心情溢于言表，同样有爱子之心的赵太后感同身受，就关切地问："男子汉也心疼自己的小儿子吗？"

触龙答道："比女人还疼爱呢！"

太后答道："孩子是娘身上的肉，所以女人格外疼爱小儿子。"

触龙心想，太后爱子到了固执的程度，我该釜底抽薪，让她走出当前的偏执，把国家利益放在第一位。

于是，触龙说："老臣私下认为您对女儿燕后的爱怜超过了对长安君呢。"

太后道："您说错了，我对燕后的爱远远赶不上对长安君啊！"

触龙言道："父母疼爱自己的孩子，就必须为他们做长远打算。您把燕后嫁出去的时候，拉着她的手，哭个不停，舍不得她走，想着她远嫁，您十分悲伤，那情景够伤心的了。燕后走了，您也不是不想念她。可是，每逢祭祀上天，您都说："千万别让女儿因为遭遇不幸被送回父母之国啊！"为什么会这样呢？因为您是在为她的长远利益考虑，希望她的子孙能世代相继为燕王啊！"

太后不住地点头，说："还真是这样啊！"

触龙又说："从现在的赵王往上推，三世以前曾为王侯的赵氏子孙，他们的后嗣继承其封爵的，还有存在的吗？"

太后答道："没听说过这事。"

触龙又问："不只是赵国，诸侯各国有这种情况吗？"

太后道："我也没听说过。"

触龙说道："现在有您在，长安君地位尊贵，使他拥有肥沃的土地，还有很多宝物，可是不趁现在使他有功于国，有朝一日您不在了，长安君凭什么托身赵国，又凭什么空享高位呢？我觉得您为长安君考虑得太短浅了，所以认为您对他的爱比不上对燕后啊！"

太后答道："行了，任凭您去指派长安君吧。"太后如释重负地说。

太后采纳触龙的意见，为长安君准备了上百辆车子，到齐国做人质。齐王隆重地迎接长安君的到来，随即派兵救赵。

东汉初年，吴汉担任大司马时，曾经有敌军黑夜袭击汉军兵营。部队受到侵扰，一片惊慌，吴汉躺在营帐里安然不动。全军上下听说吴汉如此镇定自安，随即就安定了下来。这时，吴汉挑选了一支精锐力量连夜反击，大败敌军。这个战例就是不在敌人士气高

昂之时与之正面拼杀，而是消减敌人的气势和力量，等其意志消沉后，再发动反击，一举拿下。

宋代，薛长儒担任汉州、湖州、滑州等三个州的通判，驻扎在汉州。防守汉州的几百名士兵哗变，打开营门，企图杀掉知州和兵马监押，放火烧毁军营为非作乱。有人前来报告这个消息，知州和监押都不敢出来。薛长儒挺身而出，步行前往军营，从被捣毁的营寨墙垣进入营内，用叛乱将会带来的吉凶福祸的后果来震撼叛乱士卒的军心，说："你们都有父母妻儿，为什么干这种傻事？真想叛乱的人站在左边，不想叛乱而被胁迫的站在右边。"话音一落，不想参与哗变的几百名士卒都站立在右边。只有叛乱的主要策划者13人夺门逃奔出去，四散到城外乡野间，不久都被缉拿回来。时人都认为，如果不是薛长儒，全城百姓都要遭涂炭了。这就是运用"攻心"的心理战术来削弱敌人士气的计策。也有人说，两军对垒，要打击强大敌人的虚弱部位，从而挫败它即将获得的成功。

釜底抽薪之策可以用在战争中，可以用在外交上，也可以用在教育孩子上，更可以用于打官司上，抓住问题的关键加以合理地辩解，最后必能打赢官司。

美国总统林肯曾经是一位优秀的律师。一天，林肯被朋友邀请担任朋友之子小杰克逊的被告律师。有人控告小杰克逊犯有谋财害命之罪。但出于对小杰克逊为人的了解，林肯向法院提出了查阅全部有关案卷的要求，进行仔细研究，直到胸有成竹才要求复审。

复审开始，整个案件的关键就在于一位原告弗尔特的证词。可弗尔特一口咬定在月光之下清楚地看见小杰克逊用枪打死了死者。

　　林肯不慌不忙地问了他几个问题，"你确定10月18日那天晚上皓月当空？"

　　"是的，我确定。"弗尔特说。

　　"那你说当时你看清了小杰克逊的脸，对不对？"林肯接着问。

　　"没错，长官。"弗尔特说。

　　"好，那你在怎样一种情况下看见的，请你说具体一点。"林肯问。

　　"那天晚上，我是在二三十米内看清目标的。"弗尔特答道。

　　"你当时在哪儿？而小杰克逊又在哪儿？"林肯又追问。

"我在草堆后面，而他在大树后面。"弗尔特说。

林肯又问："你肯定是在11点吗？"

弗尔特回答："没错。"

接着林肯发表了一番惊人的言论："女士们，先生们，这个证人说的每一句话都是假的，凡是有点常识的人都不会这样说。他一口咬定10月18日11点在月光下认清了被告的脸。但是，小孩子都知道10月18日晚上是弦月，不是皓月当空。11点时月亮就下山了，哪有什么月光？退一步说，那天晚上的确有月光。但月亮应当在西边，草堆在东，大树在西。如果被告的脸对着草堆，脸上是不可能有月光的，证人怎么可以从二三十米以外的草堆看清被告的脸呢？"

整个法庭立即喧哗起来，大家都被林肯缜密的分析所折服，原告和弗尔特哑口无言。法庭最后宣布小杰克逊无罪获释。这一案件也使林肯成为全美国最著名的律师。

此案的关键在于证人的证词，而证词的关键是证人能否看清被告的脸。林肯以丰富的生活常识证明证人不可能看清被告的脸，等于釜底抽薪，全部推翻了证人的证词，使小杰克逊无罪释放。

智慧品读

"釜"是做饭的锅，"薪"是烧饭用的柴火，当锅里的水沸腾的时候，要想不让锅里的水溢出来，最好的办法是把锅底的柴火抽出来。生活中的常识往往蕴含着大道理。此计用于军事，是指对强敌不可用正面作战取胜，而应该想办法消灭其赖以生存的条件，断其后援，拆其后台，使其从根本上瓦解。"釜底抽薪"也可以说是一种心理攻势，先从心理上，或气势上瓦解对手，然后，攻其要害，最终达到己方的目的。

02 第二十计　浑水摸鱼

原文

乘其阴乱，利其弱而无主。随，以向晦入宴息。

按：动荡之际，数力冲撞，弱者依违无主，敌蔽而不察，我随而取之。《六韬》曰："三军数惊，士卒不齐，相恐以敌强，相语以不利，耳目相属，妖言不止，众口相惑，不畏法令，不重其将，此弱征也。"是鱼，混战之际，择此而取之。如刘备之得荆州、取西川，皆此计也。

释义

趁敌人内部混乱，力量虚弱并且又没有推出公认的首领的情况下，使它归顺我方，就像《周易·随卦》所说的，到傍晚，人们要入室休息。

按语：局势不稳定的时候，多种势力相碰撞，弱小的依附哪股势力反对哪股势力无所适从，敌人被这种混乱局面迷惑，不能做出正确判断，我方要就势把它争取过来。《六韬》说："全军上下多次被惊扰，军心混乱阵容不整，散播敌强我弱的泄气话来互相恐吓，拿自己的劣势作为谈资互相泄气，交头接耳，惑乱人心的话四处传播，士兵不惧怕法令，将帅失去威望，得不到士兵尊重，这些都是虚弱的征兆。"这样的敌人就如混水里的"鱼"，要趁混乱之机，选定目标把它争取过来。例如：刘备轻而易举地夺取荆州和拿下西川，用的就是这个计策。

传世典故

赤壁大战，曹操大败。为了防止孙权北进，曹操派大将曹仁驻守南郡（今湖北公安县）。此时，孙权、刘备都想把南郡划到自己的治下。周瑜因赤壁大战，此时气势如虹，亲率大军直奔南郡。刘备也把部队调到油江口驻扎，眼睛死死地盯住南郡。

周瑜心中清楚刘备屯兵油江，必有取南郡之意。于是，请使者回报刘备说他打算拜见刘备。

刘备得知周瑜要亲自来见，就问诸葛亮："他要是提兵来，我该怎么应付呢？"诸葛亮于是给刘备出了一个主意，又在油江口摆开战船，岸上列着军马。

周瑜、鲁肃一到，诸葛亮又派赵云领数骑来接。周瑜一看刘备军势雄壮，心里有点不安。

来到帐中，各叙礼毕，设宴相待。酒席之中，周瑜单刀直入问刘备驻扎油江口，是不是要取南郡？刘备说："听说都督要攻打南郡，特来相助。如果都督不取，那我就去占领。"

周瑜大笑，说："南郡指日可下，如何不取？"

刘备说："都督不可轻敌，曹仁勇不可挡，能不能攻下南郡，话还不敢说。"

周瑜年轻，又勇敢善战，立下了那么多战功，当然不把此一战当回事，听刘备这么一说，很不高兴，他脱口而出："我若攻不下南郡，就听任豫州（即刘备）去取。"

老谋深算的刘备等的就是这句话，马上说："都督说得好，子敬（即鲁肃）、孔明都在场作证。我先让你去取南郡，如果取不下，我就去取。你可千万不能反悔啊。"周瑜一笑，根本没把刘备放在心上。

周瑜走后，军师诸葛亮建议刘备按兵不动，让周瑜先去与曹兵厮杀。

周瑜发兵，首先攻下彝陵（今湖北宜昌），然后乘胜攻打南郡，却中了曹仁诱敌之计，自己中箭而返。曹仁见周瑜中了毒箭受伤，非常高兴，每日派人到周瑜营前叫战。周瑜只是坚守营门，不肯出战。一天，曹仁亲自带领大军，前来挑战。周瑜带领数百骑兵冲出营门大战曹军。开战不多时，忽听周瑜大叫一声，口吐鲜血，坠于马下，被众将救回营中，原来这是周瑜定下的欺骗敌人的计谋，一时传出周瑜箭疮大发而死的消息。周瑜营中奏起哀乐，士兵们都戴了孝。曹仁闻讯，大喜过望，决定趁周瑜刚死，东吴没有准备的时机前去劫营，割下周瑜的首级，到曹操那里去领赏。

当天晚上，曹仁亲率大军去劫营，城中只留下陈矫带少数士兵护城。曹仁大军趁着黑夜冲进周瑜大营，只见营中寂静无声，空无一人。曹仁情知中计，急忙退兵，但是已经来不及了。只听一声炮响，周瑜率兵从四面八方杀出。曹仁好不容易从包围中冲出，退返南郡，又遇东吴伏兵阻截，只得往北逃去。

周瑜大胜曹仁，立即率兵直奔南郡。等周瑜率部赶到南郡，只见南郡城头布满旌旗。只听楼上一将喊道："都督别怪罪！我奉军师将令，已取城了。吾乃常山赵子龙也。"

原来赵云已奉诸葛亮之命，趁周瑜、曹仁激战正酣之时，浑水摸鱼，派赵云率军赶到南郡，轻易地就把南郡据为己有了。

周瑜大怒，便命攻城。城上乱箭射下。周瑜命令先撤军，再行商议，派甘宁引数千军马，径取荆州；凌统引数千军马，径取襄阳；然后再取南郡。正在这时，忽然探马急来报说："诸葛亮自得了南郡，遂用兵符，星夜诈调荆州守城军马来救，却教张飞袭了荆州。"又一探马飞来报说："夏侯将军在襄阳，被诸葛亮差人赍兵符，诈称曹仁求救，诱引夏侯将军兵出，却教云长袭取了襄阳。二处城池，全不费力，皆属刘玄德矣。"周瑜说："诸葛亮哪里来的兵符？"程普回答："他捉住了陈矫，兵符自然就到手了。"周瑜大叫一声，金疮迸裂，昏倒马下。

刘备在诸葛亮的谋划下，轻而易举地得了南郡、荆州、襄阳等要地，势力大为增强了。

刘备智取荆州用的是典型的浑水摸鱼之计。在动荡不稳的局势中，各种力量都会被搅进混乱的漩涡内。为了乘机扩大自己的势力，我们则利用对方的疏漏，在他们举棋不定的时候，将其顺手夺过来。

在战争中，也可以利用一切对自己有利的外界环境"浑水摸鱼"，大败敌军。

朱元璋与陈友谅两军大战于江西鄱阳湖，由于陈友谅的战船都配有机关轮轴，只要一踩动机关，战船就如离弦之箭，速度异常之快。朱元璋与之交战，每次都不能取胜。怎样才能制服敌人的快船呢？如果是与陈友谅硬拼的话，只会带来更大的损失，只有通过妙计把敌人的船制服才能打败陈友谅。

军师刘伯温向朱元璋献上一计，派士兵购买了大批稻草备用。翌日近五更时分，细雨绵绵，雾气蒙蒙，朱元璋暗发水军靠近陈友谅水军，陈发觉后，慌忙派船出战。双方的战船越靠越近，朱元璋悄悄地命令将战船上的稻草抛入江中，然后快速后撤。陈友谅见敌人败走，下令追击。谁知轮轴被稻草缠住，机关失灵，战船只能在江中打转。朱元璋的军队趁势掉转船头，闯入敌船中，大败陈友谅水军。

刘伯温的计策是很有针对性的，但这中间少不了一个环节，那就是大雾的天气，正是借助这种天气，朱元璋的军队在施计时才能成功地瞒过敌人。难怪朱元璋事后会说：天助我也！

智慧品读

"浑水摸鱼"，原意是，在浑浊的水中，鱼晕头转向，乘机摸鱼，可以得到意外的好处。在军事上，当敌人处于混乱之时，乘机攻其不备，夺取胜利。当然，可乘之机不是随时都有，智者会主动地去制造而不是等待。把水搅浑以后，情况开始复杂起来，敌手还不知道是怎么回事的时候，借机行事，赢得胜局。

03 第二十一计　金蝉脱壳

原文

存其形，完其势，友不疑，敌不动。巽而止蛊。

按：共友击敌，坐观其势。倘另有一敌，则须去而存势。则金蝉脱壳者，非徒走也，盖为分身之法也。故大军转动，而旌旗金鼓，俨然原阵，使敌不敢动，友不生疑。待己摧他敌而返，而友敌始知，或犹且不知。然则金蝉脱壳者，在对敌之际，而抽精锐以袭别阵也。

释义

保存阵地的本来战斗形貌，完好地维持住原来的作战态势，让友军不生疑惑，使敌人不敢来犯。这就是由《周易·蛊卦》引申出的，我方在暗中谨慎地进行主力转移，避开强敌以脱离险境的计策。

按语：与友军联合讨伐敌人，应当冷静沉着地观察各方面的形势。如果又出现了另一股敌人，就必须暗中抽出力量应对新情况，而表面上仍是原先的阵势。那么，金蝉脱壳的计策并不只是一走了之，而是一种分身之法。所以，我方大部队转移了，阵地上却军旗飘扬、锣鼓声喧，和原先的阵势没什么两样。这样敌人就不敢轻举妄动，友军也不生怀疑之心。等到我军已经把另一股敌人消灭后胜利而归，友军和敌军才得知了一点音信，甚至还不明就里。这样说来，金蝉脱壳之计就是在两军对垒相持的情况下，抽调出精锐的兵力到另外阵地上袭击敌人。

传世典故

公元221年，刘备在成都称帝，建蜀。刘备称帝仅两年，就病死在了白帝城。刘备临终前，觉得儿子刘禅不能保住自己辛辛苦苦打下的江山，因此将他托付给丞相诸葛亮，诸葛亮在刘备的病榻前泣不成声："亮定当竭尽全力，鞠躬尽瘁，死而后已！"

刘禅登基以后，封诸葛亮为武乡侯，领益州牧。这时，刘禅不过十多岁，对国家政事完全一窍不通，从此，诸葛亮就开始了自己忙碌的辅政生涯。

诸葛亮亲自检查各种文书、审理案件，只要是大臣呈上来的奏折，他都会一一批阅，如果有哪些地方需要修建桥梁和道路，他除了安排人手之外，还会不厌其烦地去视察工作。诸葛亮还从各地选拔、任用官员，哪怕是一个小小的县官，只要犯了错，他也会亲自过问，再决定是否罢免。另外，为了对抗曹魏和东吴，诸葛亮对军中事务也不敢掉以轻心，他叮嘱将军们不能随意惩罚士兵，如果有

士兵犯了军法，哪怕惩戒是打20大板，也要向自己通报。

就这样过了一段时间，诸葛亮被大大小小的事务弄得焦头烂额，即使到了吃饭时间，只要有人来禀报事情，他立刻扔下碗跑出去，晚上常常深更半夜也不能休息，偶尔躺下睡一会儿，很快又被惊醒，最后竟然常常失眠了。

在诸葛亮的管理下，蜀国当时安乐太平，呈现出夜不闭户、路不拾遗、财盈府库的好景象。他的辛劳换来了百姓们的交口称赞，但他的身体也慢慢消瘦起来，脸色越来越憔悴。

蜀国在三国之中一直是最弱小的。为了保住蜀国政权，诸葛亮做出了巨大的努力。刘备死后，诸葛亮断然决定派使臣到东吴去讲和，恢复吴蜀联盟，巩固三国鼎立的局面。

然后，诸葛亮亲自率兵南征，平定了南中叛乱，"七擒孟获"使孟获心悦诚服，说："丞相天威，我们再也不反叛了！"

最后，诸葛亮要实现自己"隆中对策"的目标——北伐曹魏，统一中原。

公元228年开始，到公元234年诸葛亮病死在魏境，先后七次与魏军作战。但是，蜀国的力量并不足以实现他的目标。所以，诸葛亮最后还是失败了，败给了他的老对头司马懿。

司马懿无时不在派人打探诸葛亮的动向。

当司马懿听说诸葛亮的情况后，不禁说道："孔明的饮食睡眠越来越少，而要处理的事情越来越多，我看，他支撑不了多久了。"

果然，没多久，诸葛亮就因劳累过度去世了"出师未捷身先死"，死时年仅54岁，比刘备和曹操的寿命都短。

　　为了不使蜀军在退回汉中的路上遭受损失，诸葛亮在临终前向姜维密授退兵之计。姜维遵照诸葛亮的吩咐，在诸葛亮死后，秘不发丧，对外严密封锁消息。他带着灵柩，秘密率部撤退。

　　司马懿派部队跟踪追击蜀军。姜维命工匠仿诸葛亮模样，雕了一个木人，羽扇纶巾，稳坐车中。他又派杨仪率领部分人马大张旗鼓，向魏军发动进攻。魏军远望蜀军，军容整齐，旗鼓大张，又见诸葛亮稳坐车中，指挥若定，不知蜀军又要什么花招，不敢轻举妄动。司马懿一向知道诸葛亮"诡计多端"，又怀疑此次退兵乃是诱敌之计，于是命令部队后撤，观察蜀军动向。姜维趁司马懿退兵的大好时机，马上指挥主力部队迅速转移，安全地撤回汉中。

等司马懿得知诸葛亮已死，再进兵追击，为时已晚。

诸葛亮北伐无果而终，时民间有谚语道："死诸葛讹走生仲达"。

诸葛亮临死还给部下留下了一个明智的计谋，使蜀军金蝉脱壳，摆脱了魏军的围追堵截。

"金蝉脱壳"用于军事上是一种积极主动的撤退或转移，这种有意识的退却有时甚至还会扭转整个战争的局面。

敦刻尔克是法国诺尔省的一座港城市，濒临多佛尔海峡。该港有铁路、轮渡同英国多佛尔港连接，所跨越的海峡最窄处仅33公里，是欧洲大陆去英国的最短海路，战略地位亦十分重要。然而使敦刻尔克著称于世的，却是1940年发生的极具传奇色彩的敦刻尔克大撤退。1940年5月，希特勒集中136个师、3000辆坦克和几千架轰炸机，一下子将英法联军压到了敦刻尔克海滨至比利时边境的三角地带。5月24日，古德里安将军给希特勒发来一封紧急电报，言称德军已经到了离敦刻尔克只有20英里的阿运河，比利时军队、英国远征军的9个师，法国第一军团的10个师，全部被包围了。莱因哈特将军的装甲部队已经在阿运河上建立了五个桥头堡。从东北方向上推进过来的德军第六军团和第十八军团，将形成有力的夹击，从而彻底消灭他们。这一天美国驻英国大使肯尼迪向罗斯福总统发去一封电报说："一切都不可挽回了，只有奇迹才能拯救英国远征军免于全军覆灭。"罗斯福总统看着这份电报，半天没有说出话来。

这天英国首相丘吉尔也同样感到无能为力，他所能做的事情，只有用力去咬自己的烟斗，以掩饰内心的极度沮丧。此时，退守敦刻尔克的盟军，三面受敌，一面濒海，处境非常危险，唯一的希望就是由海上撤退。无奈德军的疯狂炮火夹击，盟军举步维艰。可天无绝人之路，正当盟军危在旦夕的时候，5月24日，德军最高统帅部却下达了"停止前进"的命令，要求坦克部队停在运河一线，不要向前推进。这道命令古德里安一连看了好几遍，这一回他怎么也不明白伟大的元首是作何打算的。

丘吉尔很快就知道了希特勒的这一道命令，他也猜不透这到底是什么战术。不过有一点，他的反应还是非常迅速的，立刻通知海军部，马上征集全国的船只，将联军运过英吉利海峡。希特勒停止追击的命令，给盟军提供了一个难得的喘息机会，逃过了全军覆灭的厄运。

5月26日18时57分，英吉利海峡浮云布满了天空，淡一块，浓一块，天空如一块铁，正向地面下沉。灰色的云，在空中疾行，掠过群山和河流，在海面上停住了，接着下起了倾盆大雨，雨点密集得看不见前方两米处的东西。上帝保佑，英国人终于有了一个撤退的好时机。

全英国都接到了一道来自海军部的命令：执行"发电机"计划。这是联军敦刻尔克大撤退的代号。许多历史学家后来说，这真是一次伟大的"发电"。在夜幕的大雨之中，从巡洋舰到小帆船，从皇家的豪华游艇到肮脏的垃圾船，各种类型的大小船只涌向敦刻尔克海岸。有人戏称在英国所有能漂浮的东西，全都去了英吉利海峡。德国坦克部队的士兵们，趴在他们的坦克上，喝着正宗的法国

香槟，看着英国人在海上漂呀、漂呀……

最初，德国人对此并未在意。很快，德军如梦初醒，出动大批空军进行阻截。但是，天公不作美，英吉利海峡上的大雨依然下着，吞没了天地间的一切，这在一定程度上减轻了敌机的杀伤力。在这几天，上帝站到了英国一边。

从5月27日到6月4日，英国实施的从敦刻尔克撤军的"发电机"计划，动员了1200多艘各类船只，冒着德军炮火，陆续把近30多万人（其中英军20多万、法军10多万以及少数波兰军队）撤出敦刻尔克带到英国，英国出动大批飞机同德机作战，掩护撤退。6月4日，德军占领敦刻尔克。撤退中，英国把包括700辆坦克、2000多门大炮、3000多辆汽车的全部军械装备都留给了德国。

敦刻尔克大撤退的成功，英国军队死里逃生，创造了军事史上的一个奇迹，也使英国得以保存实力，重新武装，继续作战，从而种下了法西斯德国最终失败的种子。

被西方人称之为"战争史上一大奇迹"的敦刻尔克大撤退，其更为重要的意义是给英国人以精神上和心理上的鼓舞，使他们在困境中仍保持信心。因此，历史学家说，这不是一次普通的撤退，这是一次伟大的撤退，因为撤出的是整个英国的未来！

在这场人类历史上最成功、最出名的撤退当中，盟军很大成分上是靠了客观条件的帮助才死里逃生的，一方面是德军鬼使神差地停止进攻，给了盟军撤退的时间，另一方面是恰逢雨天，为撤退带来了很好的掩护。当然，也有希特勒的命令贻误了战机的因素。

智慧品读 ·····································

　　"金蝉脱壳"是蝉生命中由幼虫向成虫过渡的一个环节。经过脱壳，幼虫蛹变成蝉。蝉蛹只能爬行，而成虫蝉两翼生风，非常机警，一遇惊扰，瞬间就会消失。此计是指在敌我力量对比悬殊的情况下，为了迅速摆脱敌人，防止敌人发现，用诡诈之术迷惑对手，伪装和掩盖真实意图。但这绝不是消极逃跑，一走了事，而应该是一种分身术，要巧妙地暗中调走精锐部队去袭击别处的敌人。

04 第二十二计　关门捉贼

原文

小敌困之。剥，不利有攸往。

按：捉贼而必关门，非恐其逸也，恐其逸而为他人所得也。且逸者不可复追，恐其诱也。贼者，奇兵也，游兵也，所以劳我者也。《吴子》曰："今使一死贼，伏于旷野，千人追之，莫不枭视狼顾。何者？恐其暴起而害己也。是以一人投命，足惧千夫。"追贼者，贼有脱逃之机，势必死斗；若断其去路，则成擒也。故小敌必困之，不能，则放之可也。

释义

对于弱小或数量较少的敌人，要包围起来歼灭掉。一旦他逃脱了，再去急追或者远袭就大为不利了。

按语：捉拿入室的窃贼，必须关起门来，不仅因为担心他逃跑，而且还怕他跑掉了给别人捉去被人利用。况且逃跑的贼兵是不能追逐的，因为恐怕中了他们的诱敌之计。这里所谓的贼兵，指的是那种出没无常的精锐勇悍的小股游击队伍，他们依靠自己的优势，骚扰疲惫我军。《吴子》说："假如让一个亡命之徒隐藏在旷野里，就是派一千个兵去追杀，追兵也没有一个人不思前顾后东张西望的。这是为什么呢？害怕那个亡命之徒突然蹿出伤害自己啊！所以，一个人如果玩命不怕死，就足够让千人心惊胆战的了。"追赶敌人，只要他有一线逃脱的活路，情势所迫他势必要殊死搏斗。如果截断了退路，他就成了瓮中之鳖，就容易歼灭了。所以，对弱敌必须包围歼灭，如果不能这样，暂且放他逃脱也未尝不可，千万不可轻易地去追击。

传世典故

唐朝末期，经过藩镇混战、宦官专权和朝廷官员中的朋党争吵，朝政越来越混乱。几个皇帝更是一个比一个昏庸，他们一味寻欢作乐，追求奢侈糜烂的生活，更是腐朽到了极点。又赶上天灾人祸，农民纷纷破产，到处逃亡，各地先后爆发大规模的农民起义。

公元874年，王仙芝、黄巢等人发动了起义。两支队伍转战山东、河南一带，接连攻下许多州县，声势越来越大。唐王朝非常恐慌，命令各地将领镇压起义军。但是各地藩镇都害怕跟义军交锋，互相观望，唐王朝束手无策。后来，王仙芝失败，起义军重新汇合，大家推黄巢为王，又称冲天大将军。

黄巢率领起义军向唐朝都城长安进军，起义军向官军将领发出檄文，说："我们进攻京城，只向皇帝问罪，不干众人的事。你们各守各的地界，不要触犯我们的锋芒！"

各地将领接到檄文，害怕起义军，都想保存实力，不愿为唐王朝卖命。消息传到长安，唐僖宗吓得哭哭啼啼，带着大臣们仓皇出逃。

公元880年，黄巢率领起义军进攻唐朝都城长安。唐僖宗仓皇逃到四川成都，纠集残部，并请沙陀人李克用出兵攻打黄巢的起义军。第二年，唐军部署已完成，力图出兵收复长安。凤翔一战，义军将领尚让中埋伏，被唐军击败。这时，唐军声势浩大，乘胜进兵，直逼长安。

黄巢见形势危急，召众将商议对策。众将分析了敌众我寡的形势，认为不宜硬拼。黄巢当即决定：队伍全部退出长安，往东开拔。

唐朝大军抵达长安，不见黄巢迎战，好生奇怪。先锋程宗楚下令攻城，气势汹汹地杀进长安城内，才发现黄巢的部队已全部撤走。

士兵们见起义军败退，纪律松弛，成天三五成群骚扰百姓。长安城内一片混乱。唐军将领也被胜利冲昏了头脑，成天饮酒作乐，欢庆胜利。

黄巢派人打听到城中情况，高兴地说："官军已入瓮中。"当天半夜时分，黄巢急令部队迅速回师长安。唐军沉浸在胜利的喜悦中，这时还在呼呼大睡。突然，神兵天降，起义军以迅雷不及掩耳之势，冲进长安城内，只杀得毫无戒备的唐军尸横遍地。程宗楚从梦中醒来，只见起义军已冲杀进城，唐军大乱，无法指挥，最后自己也在乱军中被杀。

黄巢用"关门捉贼"之计，重新占据了长安。

1945年8月，日本宣布投降后，蒋介石一方面邀请中共中央主席毛泽东赴重庆谈判，一方面却指使阎锡山派兵进攻我山西上党地区，妄图抢占华北，给他在重庆谈判中增加砝码。

晋冀鲁豫军区司令员刘伯承、政委邓小平受命指挥上党战役。刘、邓接到指令后，立即飞赴太行山，部署作战。在与陈赓等人深入的研究之后，确定了这样的方针：集中优势兵力对付敌人，即以太行主力和冀南部队共三万一千人，迎战一万六千进犯之敌；针对敌人孤军深入和分散守备的弱点，先夺取长治外围五城，诱使长治之敌出援，相机歼灭。

9月10日凌晨，我军发起上党战役。经过十天的战斗，我军先后攻克了被敌占领的屯留、长子、襄垣、潞城、壶关五城，长治的守敌已成为我军的瓮中之鳖了。正当我军准备攻克长治城时，获悉阎锡山派兵南下救援长治守敌，其先头部队9月28日已到了沁县东南的新店，离长治只有百里左右。情况紧急。刘、邓当机立断，一方面继续佯攻长治，吸引敌军赶来增援；一方面派人左右夹击来援之敌，并且切断其退路。10月4日，我军向敌援军发起猛攻。一接触才清楚，敌军不是一个军七千人，而是三个军两万余人，敌我兵力相当。于是，刘邓又从围城部队抽出一万兵力参加打援，而且围三阙一，北面开个口子，以便我军歼灭溃逃之敌。经过三天的激战，我军歼灭援敌，击毙敌第7集团军副总司令彭毓斌，俘获3个师长在内的数十名高级军官。

当援军被歼灭之后，长治的守敌就绝望了。这时，阎锡山急电守军之首19军军长史泽波率领守敌弃城西突逃去。刘、邓对此早已料到，下令围城部队紧追，又下令太岳部队火速赶来阻击。追击和阻击从10月8日开始，到12日下午发起总攻，就结束战斗了，俘虏了敌军长史泽波在内的万余官兵。我军上党战役的胜利，逼使蒋介石在《双十协定》上签字。

围攻敌人要视情况而定措施，如果被围之敌比较强大，而我军与之或相匹敌或稍占上风，则应围三阙一，故意让他逃跑，然后我军在后追，胜算就有把握了。

智慧品读

"关门捉贼"，是指对弱小或者数量较少的敌人，要设法去困围（或者说歼灭）他。这里所说的"贼"，是指那些行动诡秘，出没不定，行踪难测的小股人群。虽然数量不多，破坏性却很大，常会趁我方不备，侵扰我军。

所以，对这种"贼"，不可放其逃跑，而要断他的后路，聚而歼之。当然，此计运用得好，决不只限于"小贼"，在掌握主动权的情况下，也可用于歼灭其主力。此计最关键的是要把"贼"引到"屋里"，前提条件是保证"关门"的成功，形成对敌力量的整体优势。

05 第二十三计　远交近攻

原文

形禁势格，利以近取，害以远隔。上火下泽。

按：混战之局，纵横捭阖之中，各自取利。远不可攻，而可以利相结；近者交之，反使变生肘腋。范雎之谋，为地理之定则，其理甚明。

释义

受地理和军事力量等主客观条件的限制，攻取就近地区的敌人便利，越过近敌先去攻袭远隔的敌人是有害的。《周易·睽卦》所谓"上火下泽"，指的就是敌我如水火互不相容，但是我方想联合远方的敌人攻打邻近的敌人，而远方的敌人也想联合我方，夹击双方共同相邻地区的敌人。

按语：群雄混战的局面下，各方势力随机应变合纵连横，在明争暗斗中谋取各自的利益。远方的敌人不要攻击，而应该为了共同的利益互相联合。结交近者，反而容易在自己的眼皮底下发生变乱。范雎为秦国制定的远交近攻的谋略，就是根据距离远近的地理因素确定的不变准则，它所蕴含的道理非常明确。

传世典故

公元前268年，一个人从齐国逃到秦国，他的到来对秦国的命运产生了重要影响，甚至改变了中国历史的进程。这个人就是向秦昭王提出"远交近攻"战略的范雎。

范雎入秦时，战国群雄已经争战了二百多年。齐、楚、韩、魏、燕、赵等国在战争中实力大损，国势衰微。而秦国自商鞅变法、夺取西河形胜之地后，一直根据天下形势和各国关系的变化，以外交配合军事，交替实施东进和南下的军事行动，并夺取了巴、蜀。由秦国担当统一全国、结束割据的历史重任的形势日趋明朗。战争目标已由称霸诸侯演变为统一天下。范雎看到了历史的这一机遇，适时地向秦昭王献上了他的"远交近攻"战略。

范雎向秦昭王分析了秦国面临的形势。他说："大王的国家，北有甘泉、谷口，南绕泾水和渭水的广大地区，西南有陇山、蜀地，东面有函谷关、崤山；战车有千辆，精兵有百万。拿秦国兵卒的勇敢，车骑的众多，来抵挡诸侯国，就如猛犬追赶跛兔一般，轻易就可造成霸王的功业。如今反而闭锁函谷关门，兵卒不敢向崤山以东诸侯窥视一下，这是秦国穰侯魏冉为秦国谋划不忠实，导致大王的决策失误啊！"

秦王说："寡人在什么地方失误了呢？请先生教诲。"

范雎说："大王越过韩、魏的国土去进攻强齐，这不是好的计谋。出兵少了，不能够损伤齐国；多了，则对秦国有害。臣揣摩大王的计谋，是想本国少出兵，而让韩、魏全部出兵，这就不合适了。如今明知盟国不可以信任，却越过他们的国土去作战，这怎么能行呢？显然是疏于算计了！从前，齐国攻打楚国，打了大胜仗，攻破了楚国的军队，擒杀了他的将帅，两次拓地千里，但最终还是连寸土都没得到，这难道是齐国不想得到土地吗？疆界形势不允许它占有啊！诸侯见齐国士卒疲敝君臣不和睦，起兵来攻打它，齐缗王出走，军队被攻破，遭到天下人的耻笑。落得如此下场，就因为齐伐楚而使韩、魏获得土地壮大起来的缘故。"

范雎接着说："大王不如采取交接远国而攻击近国的策略，得到寸土是王的寸土，得到尺地是王的尺地。如今舍近而攻远，这不是错了吗？从前，中山国的土地，方圆有五百里，赵国单独把它吞并，功业也成就了，声名也树立了，财利也获得了，天下也没能把赵国怎么样。如今的韩、魏居各诸侯国的中央，是天下的枢纽。大王如果想要成就霸业，一定先要亲近居中的国家而用它做天下的枢纽，来威胁楚国和赵国。赵国强盛，那么楚就要附秦；楚国强盛，那么赵就要附秦。楚、赵都来附秦，齐国一定恐慌，齐国恐慌了，就会卑辞言好，以厚礼来侍奉秦国。如果齐国归附，那么韩、魏就有虚可乘了。"

秦王说："寡人本想亲睦魏国，但魏的态度变幻莫测，寡人无法亲善它。请问怎样才能亲魏呢？"

范雎说："用卑下的言辞和重金宝物来引诱它。这样不行，就割地贿赂它，这样还不行，就起兵来攻伐它。"

后来，秦国果真起兵攻打魏国的邢丘，邢丘陷落，魏国就来请求归附。

范雎说："秦、韩两国的地形，相交纵如锦绣。秦旁有韩存在，就像树木长了虫子，人生了致命的疾病一样。天下一朝有变，危害秦国的，没有比韩国再大的。王不如使韩归附于秦。"

秦王说："寡人打算使韩来附，韩不听从，那该怎么办呢？"

范雎说："起兵攻打荥阳，那么成皋的道路就不通了；北部截断太行的道路，那么上党的兵也就不能南下了；一举而拿下荥阳，那么韩国将分成孤立的三块，谓新郑、成皋、泽潞。韩国看到自身将要覆亡，哪有不听从的道理呢？韩国一顺从，霸业就可以成功了。"

秦王说："太好了！"

从此，秦昭王对范雎言听计从。

范雎进向秦昭王提出的"远交近攻"战略，就是对距离秦国远的国家，就拉拢结交，对离秦国近的国家，就集中力量去攻击它。这样，"得寸则王之寸，得尺则王之尺"。

范雎进一步指出了实施远交近攻战略的具体步骤。他建议先亲韩、魏以威服楚、赵，从而迫使齐国亲秦，然后回过头来再消灭韩、魏。

范雎的远交近攻战略为秦国蚕食六国、各个击破指明了方向和步骤，正如元人吴师道在《战国策校注》中所说："秦卒用此术破诸侯，并天下。"

此后，远交近攻成为我国历史上各政治势力进行多极斗争的重要战略策略之一。远交近攻，在政治和社会生活中，比在外交和军事中，还要用得多。

公元2世纪末，罗马帝国政局动荡，皇帝康茂德和佩提纳克斯相继被杀，多瑙河军团司令塞维鲁被他的部队拥立为帝。当人们还在为选谁当皇帝犹豫不决的时候，塞维鲁已经率领军队到达意大利本土。塞维鲁的突然出现，使元老院大为震惊，在武力威胁面前，赶忙正式选他为皇帝。

阿尔比努斯信以为真，在塞维鲁进攻尼格尔时，坐山观虎斗。

但是，塞维鲁要成为整个帝国的主宰，面临着两个主要困难：一是在亚洲，叙利亚总督尼格尔正在建立自己的统治，二是在西方，阿尔比努斯已经称帝。塞维鲁认为，如果暴露自己的野心，同时与两强为敌，是十分危险的。于是，他决定欺骗阿尔比努斯，袭击尼格尔。他先给阿尔比努斯写信，告诉他自己被选为罗马皇帝，愿意与他共享这个荣誉，赠送他"恺撒"的称号，并由元老院决定，加封他为自己的同胞。阿尔比努斯信以为真，在塞维鲁进攻尼格尔时，"坐山观虎斗"。然而，塞维鲁解决了东方问题以后，回到罗马立即向元老院申诉说：阿尔比努斯忘恩负义，正在使用阴谋诡计企图谋害他，因此他必须对阿尔比努斯的行为进行惩罚。于是，塞维鲁又发动了对阿尔比努斯的战争，并在法国活捉阿尔比努斯，把他的政权和生命一并剥夺了。

塞维鲁不愧为出色的政治家，他以狐狸般的狡猾欺骗了阿尔比努斯，同时又以狮子般的凶猛消灭了尼格尔和阿尔比努斯，最终成为整个罗马帝国的主宰。

智慧品读

"远交近攻"，是分化瓦解敌方联盟，各个击破，结交远离自己的国家而先攻打邻国的战略性谋略。当消灭近邻之后，远交之国也就成了近邻，新一轮的征伐也是不可避免的。这也是大棒和橄榄枝相结合的策略，对邻国挥舞大棒，把它消灭。如果和邻国结交，恐怕变乱会在近处发生。其实，从长远看，所谓远交，也绝不可能是长期的利好。

06 第二十四计　假道伐虢

原文

两大之间，敌胁以从，我假以势。困，有言不信。

按语：假地用兵之举，非巧言可诳，必其势不受一方之胁从，则将受双方之夹击。如此境况之际，敌必迫之以威，我则诳之以不害，利其幸存之心，速得全势。彼将不能自阵，故不战而灭之矣。如晋侯假道于虞以伐虢。晋灭虢，虢公丑奔京师，师还，袭虞灭之。

释义

处在敌与我两个大国之间的弱小国家，到受敌方胁迫而不得不屈从于它时，我方要借机出兵救援，造成一种对自己有利的态势。这就是由《周易·困卦》推演出来的道理：对于处在敌人胁迫下的国家，做口头上的救援承诺，它在困顿中能不信任吗？

按语：借邻国的路攻打敌国，这不是花言巧语就能诓骗来的，被借方不是受相邻的一个国家威逼胁迫，就是受到相邻双方国家的两面夹击。面临着如此境况，敌方肯定用武力胁迫它，我方就应当以不损伤它的利益哄骗；利用它希望生存的侥幸心理，迅速扩展自己的势力，控制住整个局面。这样，它就没能力自我防卫了，所以，无需用兵就可以消灭它。

传世典故

晋献公早年是个英明能干的君主，他即位之初就采纳了大夫士蒍的建议，对晋国众多的公子王孙实行诛杀驱逐政策，因为他们是国家分裂的隐患。许多公子王孙逃亡去了晋的邻国虢（今山西省平陆县东），不自量力的虢国国君因此起兵攻打晋国，结果被晋军打得丢盔弃甲，狼狈不堪。

晋献公十年（前667），晋献公要举兵讨伐虢国，士蒍认为时机还不够成熟，就对晋献公说："等到虢国内部发生叛乱时再攻打它吧！"

九年后（前658），晋献公还是咽不下这口气，弹丸之地的虢国居然敢侵犯强大的晋国，想到这里，他就情不由己地燃起一腔怒火，为了打虢国一个措手不及，他决定向虞国借路，从虞国向虢国发起突袭。

于是，晋献公派大夫荀息给虞国公送去了一匹宝马。

热衷玩乐，爱贪便宜，尤其对宝马雕车情有独钟的虞国公一见这匹宝马，两眼直放光。他顾不得国君的尊严，像厩房的马夫一样，围着宝马转了好几圈，不住地夸赞："好马，好马！真是一匹千里马啊！"又转了一圈，他若有所思地问道："贵国国君如此慷慨，大概是有求于敝国吧？"

"不，"荀息回答说，"敝国国君久仰您的大名，很想高攀结交，特地委派在下献上名马一匹。礼品虽薄，情谊不菲。敬请笑纳……"

虞国公打断了荀息的辞令："贵国国君的美意，寡人就领受了。有什么事情，尽管直说，凡是敝国能效劳的，都会尽力而为。"

"在下奉命前来时，敝国国君吩咐，请求向贵国借路，让敝国军队走上一趟。因为虢国多次侵犯骚扰敝国，敝国想给它点颜色瞧瞧。"荀息说到这里，稍微停顿了一下，悄悄地观察虞国公的反应。

虞国公正要答复，大夫宫之奇示意他拒绝借道。有了宫之奇的示意，虞国公不好表态，他闪烁其辞，支支吾吾了老半天，最终也没有个明确答复。

荀息看出了其中的关节，连忙加重语气补充道："如果敝国侥幸取胜，所有战利品都奉送陛下。"

贪婪的虞国公得了这个许诺，当即做出了允诺："好吧，不就是在敝国走一趟吗？没问题！"

荀息完成了使命，告辞回国。

晋国军队借道虞国，开赴到了虞、虢两国的边境地区。毫无防范的虢国军队不堪一击，晋军一举攻克了虢国的城邑下阳。

晋献公二十二年（前655），晋国再次向虞国借路攻打虢国，这一回，晋献公的胃口更大了，他想拿下虢国后，顺手牵羊，连虞国也一起吞下。

晋国使者为借道带来了美女宝玉，虞国公看着晋国美人一个个婀娜多姿，娇羞欲滴，早已是魂不守舍，说："晋侯太客气了！三年前，我们两国不是合作得很愉快吗？借路就借路，干吗还送来如此丰厚的礼物，这让寡人如何消受得了！啊——这个这个，晋侯太客气，太客气了……"

宫之奇早就看穿了晋献公的狼子野心，他力谏劝阻："虢国是虞国的外围，虢国灭亡了，我们虞国离灭亡还会远吗？晋国的贪心不能再纵容了，对于晋国军队借路不可掉以轻心呀。上次借路就够过分的了，难道还能答应他第二次吗！俗语说，辅车相依，唇亡齿寒，脸颊和牙床骨皮肉相连互为依存，嘴唇有了豁口牙齿便受寒冷，这话说的就是虞国和虢国存亡与共的道理啊。"

虞国公说："晋国是我国的同姓宗族，难道它会害我吗？"

"虢仲、虢叔，是王季的儿子，做过文王卿士，功勋在王室，受勋的记录现在还藏在盟府里，在同宗的关系上，虢的地位比虞高，虢和晋的关系比虞和晋的关系亲，尽管这样，晋国却还是要消灭虢国，对虞国又有什么可顾念怜惜的呢？"

宫之奇的话头头是道，句句在理，但虞国公舍不得到了手的美女，根本听不进宫之奇的劝谏。

当虞国公答应了晋国使者，晋国军队将要踏进虞国时，宫之奇带领着他的整个家族悄悄地离开虞国，出走国外了。

临行前，宫之奇满怀故国忧思，悲愤而无奈地说："虞国等不到年终的腊祭就要完蛋了！晋国消灭虢国后，肯定乘胜吞并虞国，它用不着再兴师动众，劳顿兵马了！"

晋国大将里克和荀息率领着阵容庞大的军队来到虞国。虞国公对荀息说："为了报答贵国，敝国将发兵助战。"

虞国公为虎作伥，晋国侵略军更是如虎添翼。这一年的十二月初一，晋国一举灭掉了虢国。

里克把俘获的虢国宫女和抢来的财宝随便分了一些给虞国公。

虞国公高兴极了，他吩咐朝臣对得胜回国的晋国军队大加犒劳。里克乘机提出，让军队就地驻扎在虞国都城之外，说："将士们和战马都太劳顿疲惫了，暂且在贵国休息几天再回去。"虞国公不假思索，满口允诺。

两天后，一名惊慌失措的朝臣忽然禀报虞国公，说晋献公来了，车驾眼下已经到了都城门外。

虞国公赶忙备车，出城欢迎。

晋献公邀虞国公到城外箕山打猎。晋国随驾的车马仪仗，豪华气派，虞国公甬说见识，连想都没敢想过。但是，好大喜功的虞国公不甘示弱，命令都城里的兵马倾城出动，跟随他去陪晋侯打猎。

顿时，整个箕山马叫人欢，山里的禽兽们遇到围猎，到处惊奔。这盛大的场面可把虞国公乐坏了。

正在这时，百里奚气喘吁吁地跑来报告，说："大王不好了，京城里出事了，请大王赶快回驾。"

还没等虞国公靠近城门，城楼上早有一员大将哈哈大笑道："承蒙两次惠允借路，现在又把贵国借给了我们，末将这厢有礼了！"说着，这位将军双手抱拳向虞国公施起了礼数。

虞国公如梦初醒，悔恨交加，想立即组织军队攻城，可还没收拾好人马，城上早已乱箭齐射，如雨的箭矢朝他飞来。

"晋献公率大军到了！"这时又传来一声呼喊。

虞国公顿时吓出一身冷汗。

晋献公不屑一顾地立马虞国公面前，虞国公无奈地僵立着，他和他的大臣百里奚眨眼间就成了晋军的俘虏。

荀息把先前作为借路礼物送给虞国公的名马又牵回，奉献给了晋献公。

晋献公走向分别已久的宝马，爱抚地轻拍着马背，端详了好久，不无感慨地说："马还是我的马，只是牙口老了许多啊！"

晋国军队借道虞国，消灭了虢国，随后又把亲自迎接晋军的虞国公抓住，灭了虞国。

《左传·僖公五年》记载了这件事，"假道伐虢"的计谋和成语"唇亡齿寒"也流传了下来。

军事上，"假道伐虢"的事例不少见，在为人处世时，我们也不妨学一下此种计策，作为领导，当发动群众而处于僵局时，不妨借鉴一下林则徐的做法。

林则徐在担任湖广总督期间，湖北发生了百年不遇的大旱，庄稼枯死，农民饥饿贫苦，甚至有的地方已经死了很多人。林则徐下令官员们捐款，但谁也不愿意从自己的口袋里往外掏钱。林则徐非常恼怒，贴出告示说："为解大旱，定三日后设坛祈雨，所有官员斋戒三日，以示敬天的诚意。"

祈雨当天，天气炎热，礼毕。林则徐说："平日里我们养尊处优，今天借此让大家体验一下农民顶日耕种的辛苦。"命大家就地坐在太阳底下，不一会儿林则徐派人端上茶来，喝过茶后，有的人便吐了起来。"大家谁都不许把呕吐之物遮盖起来，我要看看大家是不是斋戒了。"林则徐严肃地说。结果，待检察官检查完发现，只有林则徐所吐为粗茶淡饭，其他人都为鱼肉腥荤之物。

林则徐借机义正词严地说："你们这哪里是在祈雨，分明是你们触怒了上天，才导致大旱的。"大家没有什么话可说，还没等林则徐提捐钱的事，官员们便主动捐款。就这样，林则徐很快就筹到了一笔款，赈济了灾民。

林则徐在这里运用的就是"假道伐虢"，假借祈雨之名，实为引导官员捐钱。

智慧品读 -------------------------------------

处在敌我两大国中间的小国，当受到敌方武力胁迫时，某方常以出兵援助的姿态，把力量渗透进去。当然，对处在夹缝中的小国，只用甜言蜜语是不会取得它的信任的。一方往往以"保护"为名，迅速进军，控制其局势，使其丧失自主权。再乘机突然袭击，就可轻而易举地取得胜利。

第五套
并战计

　　这六计是用来对付友军的。无论是战争，还是外交、商业中，结盟是必要的，但对盟友也不可掉以轻心，盟友有时也可能会成为潜在的敌手，但在各方双方势均力敌、相持不下时，要想掌握主动，就要抓住一切机会，使用妙思攻守之计，借助有利于自己的局势，扩大自己的胜算。

01 第二十五计　偷梁换柱

原文

频更其阵，抽其劲旅，待其自败，而后乘之。曳其轮也。

按：阵有纵横，天衡为梁，地轴为柱，梁柱以精兵为之。故观其阵，则知其精兵之所在。共战它敌时，频更其阵，暗中抽换其精兵，或竟代其为梁柱，势成阵塌，遂兼其兵。并此敌以击他敌之首策也。

释义

频繁变动它的阵势，暗中抽换它的强劲兵力，等待它自行衰败，然后乘势控制兼并它。这就像《周易·既济卦》所说的，拖住了车轮，车子就不能前行了。

按语：阵势含有纵、横两个部分，天衡是首尾相对的部分，可称为梁；地轴纵贯中央，可叫作柱；这两个部位都要用精锐之兵把守。所以，察看它的阵容，就能掌握其主力的所在位置。与友军共同作战时，屡屡变动它的阵形，暗中撤换掉它的精锐力量，或者干脆用自己的部队取代它梁柱位置的主力，它的阵势也就随之坍塌了。这样，我方就可以乘机兼并它的部队。这是兼并敌人壮大自己力量后再攻取第三方敌人的首要计策。

传世典故

秦始皇三十七年（前210）十月，始皇帝嬴政第五次出巡，丞相李斯、小儿子胡亥和文武百官随行，为秦始皇掌管车马事务的中车府令宦官赵高，这时还兼职掌握着传达皇上命令和调兵的凭证符节玺印，自然也随从出巡。

始皇帝一行游云梦（今湖北省江陵至蕲春间湖泽的泛称），登九嶷山（在今湖南省蓝山县），到会稽山祭奠大禹，而后由江乘（在今江苏省镇江市附近）乘船，从长江口沿海北上，到琅琊寻找梦寐以求的长生不老仙药，结果还像几年前来这里一样，一无所获。

心灰意冷的秦始皇悻悻然返回平原津（今山东省平原县西南），这时，他已得了重病。

秦始皇忌讳谈生死，随从的大臣们没有人敢提及他的后事安排；丞相李斯也只有遵照他的意旨吩咐随从赶忙起驾折返咸阳，可刚刚走到沙丘（今河北省宗县城北），秦始皇就病倒了。

秦始皇意识到了这一病凶多吉少，不得不交代国事。他有20多个儿子，长子扶苏，少子胡亥。扶苏义勇忠厚，深受国人推重，只因为劝阻焚书坑儒，被秦始皇派到上郡监督蒙恬修长城去了；而胡亥是个花花公子，成不了什么大器。这些，秦始皇非常清楚。病一天比一天恶化，本想咬紧牙关撑到咸阳再安排后事的，但事与愿违，秦始皇不得不正视自己的病情，他怀着对人世的万分眷恋，无可奈何地召来赵高，口授了一道诏书，让扶苏火速赶回咸阳，主持葬礼。刚刚封好的诏书还没来得及送出，秦始皇就溘然长逝了。

李斯担心秦始皇病亡在外引起政局动荡，就把灵柩放置在一辆遮阴通风的"辒辌车"里，秘不发丧，百官奏事，由秦始皇生前最为宠信的宦官根据李斯的安排批示。只有胡亥、赵高和最受宠幸的几个宦官知道内情，所有随从都不知道秦始皇已经驾崩。

当初，秦始皇很尊重信任蒙恬、蒙毅兄弟。蒙恬在外带兵戍边，蒙毅则在朝中参与国事；兄弟二人以忠信闻名于朝廷内外，在文官武将中享有不争的地位。身为宦官的赵高，以善于察言观色曲意逢迎，博取了秦始皇的欢心，再加上他通晓狱法，所以就当上了中车府令。赵高利用受命教公子胡亥学习判案断狱的机会，一味逢迎，怂恿胡亥为非作歹。

赵高曾犯过罪，蒙毅受秦始皇命令予以审理，依法判处了赵高死刑，可是秦始皇却以赵高办事机敏为由赦免了他，还给他恢复了官职。赵高因此怀恨蒙氏兄弟；秦始皇的大儿子公子扶苏因为为人刚正，向来不把赵高这号阉人放在眼里，并且跟蒙氏兄弟交好，所以，赵高也切齿痛恨他。

秦始皇一死，赵高心理盘算出了许多非分的想法，暗中庆幸报仇雪恨的时候到了，于是就背着丞相李斯扣留住赐给扶苏的遗诏，私下里去见胡亥。

胡亥本是一个缺乏能力、胸无大志之人，虽也有继位的野心，却深怕驾驭不了局势，显得有些犹豫。赵高便旁征博引地进一步诱惑胡亥："皇帝去世，没有遗命哪个公子继位，只是让扶苏回来办理丧事。要是扶苏回来了，马上就会被拥立为帝。那时，你连一小块封地都没有，甚至生命也没有保障了，那该多惨啊！"

胡亥说："知臣莫若君，知子莫若父。我父亲已经决定立我的大哥扶苏为继承人了，我还能有什么办法呢！"

赵高说："话不能这么说，现在诸公子及蒙氏兄弟都不在身边，大权掌握在你我及丞相手中，一切安排都取决于我们三人的意志，我们愿意协助你。你难道不明白统治、制服别人与受别人制服是不能同日而语的道理吗？你想想，历史上，商汤、周武王杀了他们的君主，天下人都说他们是仁义的，卫国的君主杀了他的父亲而自立，大家都称颂他有道德，你为什么不能效法呢？"

享有天下的穷奢极欲的诱惑，胡亥连梦中都垂涎欲滴，现在又有了赵高的唆使，他心里头立刻乐不可支起来，但他并不明确地表明态度，只是端着架子遮遮掩掩半推半就地接受了赵高的主张。

不过，胡亥担心李斯不配合，赵高便去找丞相李斯商议。

赵高找到李斯，一通威胁利诱。他说："我在秦宫里待了20多年，从没见过秦朝封赏的功臣有两代的，将相的后代更是常常被杀。您知道，始皇有20多个儿子，始皇又命扶苏回咸阳，一旦他当上皇帝，必然起用蒙恬为相。那样的话，您可就别想保全官位了。以我之见，不如改了遗诏，拥戴胡亥为皇帝。"

李斯说："我蒙先王眷顾，理应按诏书办事。"

赵高就规劝李斯："聪明人应该懂得在关键时刻把握自己的命

运。"李斯顾念始皇对自己的信任，一再拒绝。

赵高便威胁李斯："你我只有同心协力，把事情办好了，才能长保荣华富贵。否则，不但富贵难保，恐怕自身和子孙后代都在劫难逃。你自己好好想想吧！"

李斯本来就贪恋富贵，为了保住到手的既得利益，面对赵高的威胁，步步妥协退让，终于屈从。他仰天长叹，流着泪说："我生逢乱世，不能一死以殉主上，我自己又能怎么安排呢？"

赵高、李斯和胡亥三人经过一番密谋，对外宣称受先帝遗诏，立胡亥继承帝位。同时，又假造了一纸遗诏，将扶苏和蒙恬赐

死。然后，马不停蹄，载着始皇的遗体回到咸阳。这时，给扶苏、蒙恬送诏书的使者赶回，报告扶苏见到诏书的当天就自杀了，蒙恬也被杀害。胡亥等三人一听，大喜过望，立即宣布始皇的死讯，即日发丧。

胡亥继位为帝，是为秦二世。

就这样，赵高偷梁换柱，让胡亥做了皇帝。秦朝的灾难也开始了。

赵高未用一兵一卒，只用"偷梁换柱"的手段，就把昏庸无能的胡亥扶为秦二世，为自己今后的专权打下基础，也为秦朝的灭亡埋下了祸根。

下面例子中的"偷梁换柱"既追回了我国的稀世珍宝九龙杯，又保住了外宾的面子，从而没有伤害到两国的感情，把此讲的精妙运用得淋漓尽致。

20世纪60年代初期，某一外国贵宾来我国访问，在上海市参观期间，我国作为东道主为他举办了招待宴会。

宴会上使用的酒杯是一套价值连城的九龙杯，神态矫健，鳞光夺目，特别是龙口上那颗光耀夺目的明珠更是巧夺天工。外国贵宾爱不释手，被这套精美而又稀有的九龙杯深深吸引住了，拿在手上仔细观赏，连连称赞。可能是过量饮酒的缘故，他竟将一只九龙杯不知不觉地顺手装进了自己随身携带的公文包中。这一切都被我方陪同人员看见，说也不是，不说也不是，如果是直接索要不仅不太礼貌，甚至还会影响到两国的关系，就这样眼巴巴地看着客人夹起公文包兴冲冲地离去。

有关人员及时将这一情况向当时正在上海视察工作的周恩来总理做了汇报。周恩来听后指示：九龙杯是我国的稀有珍宝，一定要追回九龙杯，当然追回也应采取最为合适的办法。当周恩来得知这位贵宾将要去观看杂技表演时，想了一会儿，心生一计，便把有关人员召来，如此这般地吩咐了一番。

晚上，外宾兴高采烈地来到上海杂技场。明亮的表演大厅里热闹非凡，欢声笑语。观众们都已陶醉在精彩的杂技表演中，如痴如醉。大家都被中国演员的精湛技艺所折服，尤其是那位贵宾一个劲地热情鼓掌。随着音乐的慢慢升起，只见一位魔术师走上舞台，潇洒地将3只九龙杯子摆放在一张桌子上。大家都默不作声，不明白魔术师接下来要做什么。再看魔术师举起手枪，朝九龙杯扣动扳机，随着一声枪响，转眼间那3只九龙杯只剩下两只，另一只不知去向。观众们惊叹于魔术师的技艺高明，而又暗自纳闷：那只九龙杯到底被藏在了什么地方？

这时，那位魔术师对观众说道："观众同志们，那只杯子还在，只是刚才被我一枪打进了坐在前排那位尊贵的客人的皮包里了。"说完，便轻步走下台来，非常礼貌地对那位贵客道："先生，能打开您的包吗？"贵客明知是计，但不好作声，便不情愿地从包里将那只九龙杯取了出来，当他看到满场的观众都在热烈地鼓掌时，也高兴地鼓起掌来。

偷梁换柱，"偷"要神不知，鬼不觉，"换"要换得干净利索，天衣无缝。"偷梁换柱"之计一向被认为只适用于军事、政治、外交方面，在实际生活中作用不大。可下面的例子却运用得非常好。

有一位女化妆师，手艺相当精湛。她能使40多岁的中年男人变成20多岁的"奶油小生"，也能把风华正茂的大姑娘变成白发苍苍的老太婆。

一天，有一个人自称是邮递员闯进她的家里。实际上他是个在逃犯。他进屋后，凶相毕露，从腰间抽出一把匕首对女化妆师威胁道："我让你帮我化妆！只要你老老实实地给我化妆，我就不伤你半根毫毛。否则，就要你的命！"

女化妆师故作镇定，心里琢磨着应付的办法。她装作很顺从的样子说："你想化成什么样子呢？把你化妆成女人，你看怎么样？"

"不行！化妆成女人后，行动就不方便了。只要给我换个长相就行了。"

"好吧，我就把你变成一个难看的中年人吧！"女化妆师三下两下，就将逃犯变成了一个脸色黝黑、面目狰狞的中年男子。

这个人照了照镜子，十分满意地走了。但让他没有想到的是，他刚一上街就被警察给抓住了。

原来，女化妆师前几天在街头看到一张通缉犯的照片，于是她就把这个通缉犯的模样挪到了逃犯的脸上。逃犯一露面当然就引起了警察的注意。

这位女化妆师凭借此计巧妙地降服了逃犯，既解救了自己，又为民除害。她的成功之处首先在于急中生智地将另一张罪犯的面孔"换"到了这个逃犯脸上，并且做得不动声色。这可谓是此计在生活中的成功运用。

智慧品读

"偷梁换柱"，指用偷换的办法，暗中改换事物的本质和内容，以达蒙混欺骗的目的。"偷天换日""偷龙换凤""调包计"都是这样的意思。在军事上，联合对敌作战时，反复变动友军阵线，借以调换其兵力，等待友军有机可乘、一败涂地之时，将其全部控制。但此计一定要在对方不防备的情况下使用，一旦被敌人发现，就会导致"偷鸡不成反蚀把米"。此计往往用于政治谋略和外交谋略，是一种大谋略。

02 第二十六计　指桑骂槐

原文

大凌小者，警以诱之。刚中而应，行险而顺。

按：率数未服者以对敌，若策之不行，而利诱之，又反启其疑。于是故为自误，责他人之失，以暗警之。警之者，反诱之也，此盖以刚险驱之也。或曰：此遣将法也。

释义

强大者控制弱小者，要用警示的办法诱导他。《周易·师卦》说，刚柔相济施以威严，部属就会响应和拥护，遇到危险就能克服从而顺畅无阻。

按语：统领多次不服从指挥的部队与敌军作战，如果你调动不了他们，这时你想用利益驱动的方式诱使他们，不仅达不到目的，反而会引起他们的怀疑。在这种情况下，就要有意地酿造失误和祸端，并且嫁祸于人，责备他们的过失，用这种方式暗中警告他们。

这种暗中警诫，是从反面来诱导他们听从指挥。这就是用强硬和奸诈的手段来威逼和慑服他们。或者说，这是调遣部将的方法。

传世典故

春秋时期，吴王阖闾看了大军事家孙武的著作《孙子兵法》，非常佩服，立即召见孙武。

吴王说："你的兵法真是精妙绝伦。能不能当面给我演示一下，让我开开眼界呢？"

孙武说："这个不难。您可以随便找些人来，我马上操练给您看看。"

吴王一听，好生好奇：随便找些人来就可操练？吴王存心为难一下孙武，说道："我的后宫里美女多得很，先生能不能让她们来操练操练？"

孙武一笑，说："行呀！任何人都可以操练。"

于是，吴王从后宫叫来180名美女。众美女一到校军场上，只见旌旗招展，战鼓排列，煞是好看。她们嘻嘻哈哈，东瞅西瞧，漫不经心。孙武下令180名美女编成两队，并命令吴王的两个爱姬作为队长。两个爱姬哪里做过带兵的官儿，只是觉得好笑好玩。好不容易，才把稀稀拉拉、叫叫嚷嚷的美女们排成两列。

孙武十分耐心地、认真细致地对这些美女们讲解操练要领。交代完毕，命令在校军场上摆下刑具，然后威严地说："练兵可不是儿戏！你们一定要听从命令，不得马马虎虎，嬉笑打闹，如果谁违犯军令，一律按军法处置！"

美女们以为大家是来做做游戏的，不想碰见这么个一脸正经的人！这时，孙武命令擂起战鼓，开始操练。孙武发令："全体向右转！"美女们一个也没有动，反而轰然大笑。孙武并不生气，说道："将军没有把动作要领交代清楚，这是我的错！"

于是他又一次详细讲述了动作要领，并问道："大家听明白了没有？"众美女齐声回答："听明白了！"

鼓声再起，孙武发令："全体向左转！"美女们还是一个未动，笑得比上次更厉害了。吴王见此情景，也觉得有趣，在一旁幸灾乐祸地想：任凭你孙武有再大的本事，也无法让这些美女听你的调动吧。

孙武沉下脸来，说道："动作要领没有交代清楚，是将军的过错，交代清楚了，而士兵不服从命令，就是士兵的过错了。按军法，违犯军令者斩，队长带队不力，应先受罚。来人，将两个队长推出去斩首！"

吴王一听，慌了手脚，急忙派人对孙武说："将军确实善于用兵，军令严明，寡人十分佩服。这次，请放过寡人的两个爱姬。"

孙武回答道："将在外，君令有所不受。大王既然要我演习兵阵，我一定要按军法规定操练。"

于是，将两名爱姬斩首示众，吓得众美女魂飞魄散。孙武命令继续操练。他命令排头两名美女继任队长。

鼓声第三次响起，众美女精神集中，处处按规定动作，一丝不苟，顺利地完成了操练任务。吴王见孙武斩了自己的爱姬，心中不悦，但仍然佩服孙武治兵的才能。后来以孙武为将，终使吴国一度跻身强国之列。

孙武杀掉吴王的两个爱妾，本是在杀鸡给猴看，杀一儆百，违令者严惩，从而令别人不敢效尤，是整肃队伍的好办法。可惜，拿一班宫女做实验，未免有些残忍。

有些公开场合，因为以前你曾经犯过的错，有人或别有用心或不明就里，当面质问你的不光彩历史，揭你的疮疤。如果你去直接解释，大概没多少人会原谅你，况且在自己的错误上纠缠更会越搞越糟。这时你可用比喻、暗示等方法，让大家设身处地体会你当时犯错的情景。这种巧设情景的圆场之所以很奏效，是因为能让人真正地体验，从而快速醒悟他的质问所存在的强人所难的苛刻之处。

1956年，在苏共第二十次代表大会上，赫鲁晓夫作了"秘密报告"，揭露、批评了斯大林肃反扩大等一系列错误，引起了本国和世界各国的强烈反响。由于赫鲁晓夫曾经是斯大林非常信任和器重的人，他批评斯大林后，很多前苏联人都怀有疑问：既然你早就认识到了斯大林的错误，那么你为什么早先从来没有提出过不同意见？你有没有参与这些错误行动？

有一次，在党的代表大会上，赫鲁晓夫再次批判斯大林的错误，这时，有人从听众席上递来一张条子。赫鲁晓夫打开一看，上面写着："那时候你在哪里？"

这是一个非常尖锐的问题，赫鲁晓夫的脸上很难堪。他很难做出回答。但他又不能回避这个问题，更无法隐瞒这个条子。他也知道，许多人有着同样的问题。更何况，这会儿台下成千双眼睛已盯着他手里的那张纸，等着他念出来。

赫鲁晓夫沉思了片刻，拿起条子，大声念了一遍条子的内容。然后望着台下，大声喊道："谁写的这张条子。请你马上站起来，走上台。"

没有人站起来，所有的人心怦怦地跳，不知赫鲁晓夫要干什么。写条的人更是忐忑不安，心里后悔刚才的举动，想着一旦被查出来会有什么结局。

赫鲁晓夫又重复了一遍他的话。全场仍死一般的沉寂，大家都等着赫鲁晓夫的爆发。

几分钟过去了。赫鲁晓夫平静地说："好吧，我告诉你，我当时就坐在你现在坐的那个位置上。"

赫鲁晓夫巧妙地即席创造出一个场面，借这个众人皆知其含义的场景来婉转、含蓄地隐喻出自己的答案。这种回答既不失自己的威望，也不让听众觉得他在文过饰非。

可不是吗？这个著名的座位是属于历史、属于每一个人的。岂止赫鲁晓夫，我们每个人在需要站出来的时候都曾经在那里待着，包括你、我、他，我们所有的人——只除了极少数如布鲁诺、哥白尼这样"不如我们聪明、不如我们大智若愚、不如我们识得时务"的家伙。

智慧品读

"指桑骂槐"，现已成为含沙射影、拐弯抹角的代名词。此计在现实中应用极广。运用在各种政治和外交谋略方面上，"指桑"而"骂槐"，是施加压力配合军事行动的一种常用举略。对于弱小的对手，可以用警告和利诱的方法，不战而胜。对于比较强大的对手也可以旁敲侧击威慑他，达到警示作用。

03 第二十七计 假痴不癫

原文

宁伪作不知不为，不伪作假知妄为。静不露机，云雷屯也。

按：假作不知而实知，假作不为而实不可为，或将有所为。司马懿之假病昏以诛曹爽，受巾帼、假请命以老蜀兵，所以成功。姜维九伐中原，明知不可为而妄为之，则似痴矣，所以破灭。兵书云："故善战者之胜也，无智名，无勇功。"当其机未发时，静屯似痴；若假癫，则不但露机，且乱动而群疑。故假痴者胜，假癫者败。或曰：假痴可以对敌，并可以用兵。宋代，南俗尚鬼。

释义

宁可装着无知而不行动，也不自作聪明轻举妄动。暗中筹划，表面上一点儿也不露声色，就像云行于上，雷动于下。这就是《易经·屯卦》所推演出的道理。云层蕴藏着雷霆，但不到霹雳震天之时它平平静静，蓄而待发。

按语：表面上假装无知其实心里非常明白；假装不作为，其实是不能作为，或者是等待时机将要有所作为。三国时魏国大将军司马懿佯装年衰病危，神志不清，从而诛杀了专权蛮横的曹爽；接到诸葛亮用来羞辱挑战的女人头巾首饰，不为所激，假装等待朝廷的命令，其实是拖延时间借以把蜀军拖垮，因而他获得了胜利。蜀将姜维九次举兵讨伐中原，明明知道不能取胜却轻率出兵，就像傻瓜一样，这就是蜀汉最早灭亡的原因。《孙子兵法》说："善于作战的人取得了胜利，既不显示智谋的声名，也不张扬勇武的功劳。"当时机还不成熟，沉着冷静，深藏军机，像个痴呆的傻瓜；反之，如果佯装癫狂失去沉稳，不仅会泄露军机，而且乱了方寸的举动也会招来军内外的猜忌。所以，佯装呆痴的军队胜利，假装疯疯癫癫的军队失败。有人说："佯装呆傻不仅能对付敌人，还可以用来指挥军队。"

传世典故

宋代，南方迷信鬼神成风。将军狄青率兵讨伐叛军侬智高时，大军刚走出桂林城南，就假装祈祷鬼神："这次出征，胜败未卜。"于是拿出100枚铜钱攥在手里，祷告神灵说："果然能一战告捷，抛掷的这些铜钱就全都正面朝天。"随从将领劝阻说："如果不能如意，恐怕会挫伤士气。"狄青不听劝谏。千军万马瞪大眼睛注视，狄青稍停片刻，扬手一抛，百枚钱币全部正面朝天，祷告应验。这时候，全军上下振臂高呼，沸腾的气氛震荡着旷野山林。狄青也非常高兴，回头示意随从人员拿出100枚钉子，按铜钱疏密散落的原状就地用钉子钉住，并且覆盖上黑纱笼，亲手封存在那里。说："等到胜利归来，一定酬谢神灵，然后再收起钱币。"后来，平定了邕州，班师凯旋，按照先前许愿收起钱币，幕僚们凑上去一看，原来钱币的两面都是同一个图案！

　　狄青用的就是假痴不癫之计。在我国古代这个计谋经常被运用。三国时的大军事家、政治家司马懿，也就是我们经常说的诸葛亮的老对手也曾经上演过一幕非常精彩又经典的假痴不癫之计。
　　司马懿讨平辽东不久，魏明帝曹睿就病重了。司马懿接到诏书，火速回京，他一到魏明帝的御床前，明帝就拉着他的手，目视着年仅8岁的太子曹芳，说："我以后事相托，死是可以忍住的，我忍着死等你回来，今得相见，死而无憾了！"司马懿流着泪答应了，他和大将军曹爽共辅幼主。

太子曹芳继帝位后，司马懿升为侍中录尚书事，与曹爽各统3000兵马，共同执掌朝政。

曹爽是曹操的侄孙，没有什么政治才能，但权势很大。他依仗自己是皇帝的宗族，就想大权独揽。他重用自己的亲党，如玄学家何晏、李胜、毕轨、丁谧等人。丁谧还给曹爽出主意说："太尉有大志而又深得人心，不可推诚信任。"曹爽便开始排挤司马懿。在丁谧的谋划下，曹爽于景初三年（239）二月使魏少帝下诏，提升司马懿为太傅，也就是做皇帝的老师。表面上提升了司马懿，实际上削夺了司马懿的兵权。

同时，曹爽还让自己的弟弟曹羲任中领军，掌握中央禁卫军；曹训任武卫将军；曹彦为散骑常侍，控制一部分军队。

面对曹爽集团气势汹汹的进逼，司马懿认为自己反击的条件还不成熟，于是采取以退为守的策略，以图后发制人。

正始八年（247），司马懿上书少帝曹芳，说自己年近七十，年老多病，请求退职闲居。曹爽求之不得，马上授意曹芳批准了司马懿的请求。

于是，司马懿表面上告老还乡，颐养天年，暗中则联络力量，策划与曹爽展开一场生死大搏斗。

当然，曹爽对司马懿并不放心。一天，曹爽借心腹李胜调往荆州之机，让他以向司马懿辞行为由，前去观察司马懿的动向。

李胜来到司马懿的卧室，只见司马懿躺在床上，在两个侍女的服侍下喝粥，粥竟洒满了前胸。李胜说："听说太傅旧病复发，没想到竟病得这么厉害。我此次蒙皇上恩典，将赴本州任刺史，今特来向太傅辞行。"

司马懿故作气喘吁吁状，说："您去并州，并州靠近胡人，可要好好防范。我年老病重，死在旦夕，恐怕我们今后不能相见了。我的儿子司马师、司马昭，请您日后多加关照。"

李胜纠正道："我是回本州，我是荆州人，不是去并州。"

司马懿问："您不是去并州吗？"

李胜又重复一遍："我是回本州，回本州！"

司马懿装作才明白的样子，说："我年老糊涂，没有听懂您的话。您回本州，盛德壮烈，好建功勋。"

此时，司马懿年已70，他装病示弱、韬光养晦的本领比以前更加老练。瞧，他首先装聋卖癫，故意三番五次将李胜的话听错，给人一种昏聩糊涂的感觉。其次，饮汤时，不用手端碗，而用口就碗，有意弄得汤流满襟，给人的印象是他不仅脑子糊涂，连手脚也不听使唤了。最后，他公开说自己死在旦夕，可怜巴巴地希望曹爽今后能照顾自己的两个儿子，态度是多么的谦卑。

李胜回去对曹爽说："司马公就剩一口气了，形神已离，不足为虑了。"还说："太傅不能再有所作为了，真是令人怆然而悲呀！"

曹爽一伙更加肆无忌惮了。

嘉平元年（249）正月，曹爽兄弟陪同小皇帝曹芳拜谒高平

陵，离开了京城，曹爽的亲信大臣全跟了去。司马懿既然病得厉害，当然也没有人请他去。

曹爽一帮人马一出皇城，太傅司马懿的病就好了。他披戴起盔甲，抖擞精神，带着他的两个儿子司马师、司马昭，率领兵马迅速占领了城门和兵库，并且假传皇太后的诏令，把曹爽的大将军职务撤了。

曹爽兄弟在城外得知消息，急得乱成一团。有人给他献计，要他挟持少帝退到许都，收集人马，对抗司马懿。但是曹爽和他的兄弟都是只知道吃喝玩乐的人，哪儿有这个胆量。司马懿派人去劝他投降，说是只要交出兵权，决不为难他们。愚不可及、贪生怕死的曹爽此时早没了主意，索性把刀往地下一扔，说："司马懿不过想夺我的权力罢了，我能以侯爵归府，照样当富家翁。"曹爽投降了。

哪知，曹爽等人回到京都不久，司马懿便以"背弃顾命，败乱国典，内则僭拟，外专威权"的罪名，将曹爽兄弟及其党羽全部处死，并夷灭三族。

司马懿装作年老病昏，骗过了曹爽和他的亲信，表面上对曹爽一伙没有任何威慑力量了，实际上暗中准备，终于制服了不可一世的曹爽，使自己的权力盛极一时。皇帝任命他为丞相，诏命加九锡之礼，朝会可以不拜。虽然两年后，古稀之年的司马懿就病死于洛阳。

我们都熟悉的明代清官海瑞也很擅长使用这个计谋。海瑞是海南琼山人，回族。他出生在小官僚家庭，从小死了父亲，靠母亲抚养长大，家里生活十分贫苦。20多岁中了举人后，做了南平教谕。

这时，他性格中刚的一面就显露出来了。他教育学生十分严格认真，而且强调老师的尊严。一次，御史前来视察，当地官员都毕恭毕敬地伏拜，只有他作了个长揖。理由是："这里是学堂，是老师教学生的地方，不应当屈膝跪拜。"

因为海瑞为官正直，上司很赏识他，就把他调到浙江淳安做知县。过去，县里的官吏审理案件，不给贿赂就不给结案，甚至胡乱定案。海瑞一到淳安，立即着手审理积案。不管什么疑难案件，到了海瑞手里，都一件件调查得水落石出，从不冤枉好人，也不放过坏人。当地百姓都称他为"海青天"。

在知县任上，海瑞生活极为简朴。在明朝，官员们的俸禄是比较低的，俸禄远远不够日常生活的支出，于是就想方设法从百姓身上搜刮。海瑞坚决不多取一文一毫，安于过贫困的日子。别的官员铺张浪费，大肆奢华，而他只穿青衫布袍，吃粗茶淡饭，家里吃的菜都是自家仆人种的。酒肉之类，更是很少食用。据说他唯一的一次"奢侈"，是为了给母亲做寿，买了二斤肉。

海瑞的性格像他的母亲，宁折不弯，决不向权贵低头。

有一次，他的顶头上司浙江总督胡宗宪的儿子带了一大批随从经过淳安办事，住在县里的官驿里。海瑞到淳安就立下一条规矩，不管是什么朝廷贵亲，一律按普通客人招待。胡公子仗着老爹的权势耀武扬威惯了，看到驿吏送上来的饭菜，就认为是有意怠慢他，当时气就不打一处来，叫嚣着："老子走了一路，还没有人敢这么怠慢我，你一个小小的淳安县，居然不把本公子放在眼里，看来是不知道本公子的厉害吧！"说完，一脚踹翻了桌子，喝令随从把驿吏捆绑起来，倒吊在梁上就是一顿毒打。

听到消息，海瑞很气愤，他想了好一会儿，然后装作镇静地对差役说："总督一向为政清廉，吩咐各县过往官吏不得大肆张扬，不得铺张浪费。现在来的这个花花公子，排场阔绰，态度骄横，不会是胡公的公子。一定是什么地方的无赖冒充公子，败坏大人的清白，一定要重重惩办这个奸徒。"说着，他立刻带了一大批差役赶到驿馆，把胡宗宪的儿子和他的随从统统抓了起来，带回县衙审讯。一开始，胡公子仗着父亲的权势，不把海瑞放在眼里，胡搅蛮缠，海瑞一口咬定他是假冒公子，还说要把他重办，他才泄了气。海瑞又从他的行装里，搜出几千两银子，统统没收充公，狠狠地教训了一顿，撵出县境。

然后，海瑞火速把此事报告给胡宗宪。胡宗宪明知道儿子吃了大亏，但是海瑞信里没牵连到他，如果把这件事声张出去，反而失了自己的体面，就只好忍了下来。

不久，又有一个御史叫鄢懋卿的被派到浙江视察。此人是奸相严嵩的干儿子，惯于敲诈勒索。每到一地，地方官吏都得"孝敬"他一大笔钱，不然这官就别想当了。各地官吏一听鄢懋卿要来，都犯愁。鄢懋卿却总是装出一副廉洁奉公的样子，在牌告上写下："素性俭朴，不喜奉迎"八个大字，传达下去。

海瑞听说鄢懋卿要到淳安，就先给鄢懋卿送了一封信去，信里说："我们接到通知，要我们招待从简。可是据我们得知，您每到一个地方都是大摆筵席，花天酒地。这就叫我们为难啦！要按通知办事，就怕怠慢了您；要是像别的地方一样铺张，只怕违背您的意思。请问该怎么办才好？"

鄢懋卿看到这儿，哑口无言。他早听说海瑞是个铁面无私的硬汉，又听说胡宗宪的儿子刚在淳安吃过大亏，恨得直咬牙，只得绕过淳安，到别处敲诈去了。

智慧品读

"假痴不癫"，有时只是缓兵之计，表面上是软弱无能实际上是蓄势待发，等待时机后发制人。在当今社会各种激烈的竞争中，善于玩弄阴谋诡计的也大有人在。善良正直的人们懂得了这一套，就能够识别坏人，戳穿他们的阴谋诡计，这绝非没有坏处的。我们也要看到，"以柔克刚，以阴克阳"毕竟是一种谋略，它本身并没有善恶之分，好人用之就可为善，坏人用之却可为恶。在敌我力量悬殊、敌强我弱的情况下，走以柔胜刚的道路还是可取的。

04 第二十八计　上屋抽梯

原文

假之以便，唆之使前，断其援应，陷之死地。遇毒，位不当也。

按：唆者，利使之也。利使之，而不先为之便，或犹且不行。故抽梯之局，须先置梯，或示之以梯。

释义

故意暴露一些破绽，引诱敌人深入我方阵地，然后再切断它的前应和后援，使它陷入孤军作战的绝境。这就像《周易·噬嗑卦》所说的抢坚硬的腊肉，结果会损坏牙齿，敌人贪利走进不该去的地方就是落入了死地。

按语：怂恿唆使，是用利益驱动它。仅用利益引诱驱使，却没有提前给以便利，可能还是达不到目的。所以，要形成上屋抽梯的局面，就得预先设置梯子，或者用梯子引诱它。

传世典故

春秋时期，齐国庄公是灵公夫与鲁国公主所生，名字叫光，起初被立为太子。

灵公还有夫人仲姬、戎姬等一大群貌美如花的女人，她们之间争风吃醋，好不热闹。在所有的夫人中，戎姬最受宠爱。仲姬生了儿子牙后，就主动托付在戎姬名下，为的是给儿子找个靠山。戎姬不能生养，也乐得借鸡下蛋，所以她想请求灵公把养子牙立为太子，一旦年迈的君王去世，自己也好有个依靠啊！

戎姬有一张很会说话的嘴巴，话从她嘴里出来，总是让人觉得那么入耳，那么舒服。这回她刚说出自己的想法，灵公就答应了。

戎姬兴高采烈地把这个喜讯告诉了仲姬，本以为她会感激得直落泪，出乎意料，整天为儿子的未来提心吊胆的仲姬，这时脸色煞白，神情恍惚地对戎姬说："这可不行啊！光立为太子，诸侯各国都知道的，再说人家又经常出席诸侯盟会，无缘无故地废了他的太子地位，难保君王以后不后悔变卦的。更何况，宫廷凶险，因为这事，以后咱们会遭殃的。"

戎姬很快就把仲姬的顾虑捎给了灵公，还声泪俱下地说："大王您可不能改了主意，臣妾把身子托付给了大王，大王可得为臣妾做主啊。"

灵公赶紧哄了一通，说："宝贝儿，别怕，只要有寡人在，你还怕什么呢？太子废立，寡人一人决断，谁说什么都没用，你就放心吧！"

随后，灵公命令把太子光放逐到边陲地区去。接着，又让大夫高厚做公子牙的师傅，把牙立作太子。

齐灵公二十八年（前554），灵公病了，不能处理朝政，大夫崔杼把废太子光从放逐地接了回来，排除种种干扰把他立为了齐君，这就是齐庄公。

庄公回到都城，先杀了戎姬，没多久，灵公也去世了。庄公举行过即位大典后，抓捕到了逃亡在外的太子牙，就地结果了他的性命。三个月后，崔杼杀了太子牙的师傅高厚。

废太子光从一个被废放逐的落难公子，到一步登天做上齐国君王，崔杼功劳最大。

庄公即位后，崔杼又为他肃清前朝宿敌，巩固统治，又立下了非同寻常的功绩。庄公自然是待他不薄，君臣二人交情很好。

庄公六年（前548），崔杼娶了已故齐棠邑大夫棠公的妻子棠姜。这事彻底改变了庄公君臣的关系。

崔杼的这位妻子妩媚动人，而且多情。因为崔杼有恩于庄公，二人虽为君臣，但来往不断，一来二往，庄公与崔夫人棠姜暗度陈仓，很快就发展成了情人关系。

崔杼这时已经年过半百；庄公血气方刚，英俊风流；棠姜两度嫁人，但这会儿也只是刚刚年过二八的妙龄年华，美艳动人。庄公与棠姜两人柔情蜜意，难舍难分。

庄公得了棠姜，欢喜无比，三天两头地往崔家跑，崔杼知道了，心头那个恨呀。更可恨的是，一次，庄公和众臣喝酒取乐，居然当着众臣的面，把崔杼的帽子摘下来，赐给别人。这不是明明在奚落崔杼戴了绿帽子嘛！

　　庄公忘恩负义，崔杼自然忍无可忍，恩情立即变成了刻骨的仇恨。

　　以崔杼的经历，对人生的道理当然也清楚。自己作为臣子，明枪实箭地与庄公对擂，肯定不是对手，于是，他开始暗中寻找机会报复庄公。

　　公元前548年，晋国联合众诸侯想要大举伐齐，齐国朝野上下惊恐万状。崔杼的机会也来了。

　　崔杼决定乘机杀死庄公以向晋国求和。

　　这天，庄公大摆酒席，招待前来进贡的莒国国君黎比公，叫大臣们前来作陪。崔杼称病未去；庄公不但未加责怪，反而暗自欢喜，他又能去会见美人棠姜了。席罢人散，庄公说要去崔府探病，实际是去私会棠姜，他刚进崔宅，崔府的宅院大门就被悄悄地关闭了。

庄公一进门，早已暗藏待命的崔杼家奴一拥而出，把庄公围了起来。被围的庄公慌忙登上院中的高处，先是低三下四地请求和解；再就是提出盟誓签约，与崔杼分享齐国；三又请求到庙堂自尽。崔杼的门徒们异口同声地回绝："不行！"

走投无路的庄公最后被崔杼的家奴乱刀砍死了。

崔杼趁机使庄公"上屋"，然后大门紧闭，也就是"抽梯"，断其后路，使庄公无路可逃。最后杀死了庄公，报了戴绿帽子之仇。

智慧品读

此计用在军事上，是指利用小利引诱敌人，然后截断敌人援兵，使其束手待毙。要"上屋抽梯"，必须先安放好"梯子"，也就是故意给以方便。等敌人"上梯"，也就是进入已布好的"口袋"之后即可拆掉"梯子"，围歼敌人。"上屋抽梯"也经常被用于商场上，将对手骗入自己所设计的圈套中，然后再借机铲除。

05 第二十九计　树上开花

原文

借局布势，力小势大。鸿渐于陆，其羽可用为仪也。

按：此树本无花，而树则可以有花。剪彩粘之，不细察之不易觉。使花与树交相辉映，而成玲珑全局也。此盖布精兵于友军之阵，完其势以威敌也。

释义

借用人家的局势布成有利于自家的阵势，兵力弱小但气势宏大。这就是《周易·渐卦》所说的，大雁布阵而飞，气势渐近渐强，丰满的羽翼编织成了铺天盖地的阵容。

按语：这棵树本来就不开花，但是树可以有花。剪下彩色的帛花粘贴到这棵树上，不认真细致地观察，就很难察觉其中的蹊跷。让这些所谓的花朵跟所嫁接的树木融为一体互为映衬，就能成为精妙绝伦的完美布局。这就是说，仿效花木嫁接，把自己兵力的精锐布设到友军的阵势上，可以形成完美无缺的强大气势，威慑敌军。

传世典故

刘表死后，刘备在荆州，势孤力弱。东汉建安十三年（208）秋，曹操在消灭北方群雄之后，挥师南下荆州，直达宛城。此时刘表的儿子刘琮不战而降，把荆州让给了曹操。屯兵樊城的刘备感到形势孤危，被迫带领人马和不愿投降的荆州官兵及百姓向荆州重镇江陵转移，由于老百姓跟着撤退的人太多，所以撤退的速度非常慢。曹操闻讯，恐怕江陵为刘备所得，成为后患，便令精骑五千急追，一日一夜行三百余里，至当阳长坂坡，两军遭遇。刘备仓促应战，手下兵士迅速溃败，刘备在混战中仓皇出逃，连妻子儿子都不顾了。

当时，赵云担任护卫刘备眷属的任务，在危难中，赵云单枪匹马，七次杀进重围，与曹兵展开了一场大战，救出甘夫人及幼主刘禅。从此，赵子龙单骑救主的故事成为千古美谈。

人们都知道长坂坡赵云单骑救主的故事，不过，这其中也有大将张飞的功劳。

张飞是三国时期的一员猛将，他还是一个有勇有谋的大将。当曹兵与刘备的部队在当阳大战，刘备狼狈败退之时，令张飞断后，阻截追兵。

张飞只有二三十个骑兵，怎敌得过曹操的大队人马？那张飞临危不惧，临阵不慌，眼见曹军铺天盖地而来，顿时心生一计。他命令手下的二三十名骑兵都到树林子里去，砍下树枝，绑在马后，然后骑马在林中飞跑打转。张飞一人骑着黑马，横着丈二长矛，威风凛凛地站在长坂坡的桥上。

追兵赶到，见张飞独自骑马横矛站在桥中，好生奇怪，又看见桥东树林里尘土飞扬。追击的曹兵马上停止前进，以为树林之中定有伏兵，不敢追赶，让刘备和荆州军民顺利撤退。

张飞只带二三十名骑兵，后面追击的曹兵人多势众，显然不是对手，于是采用这"树上开花"之计，顺利吓退了曹操追兵，保全了刘备一行。

在商品经济大潮中，市场上的竞争异常激烈，所以聪明的商人，巧借名人之光，利用普通人崇拜名人的心理，大大赚一笔，借助名人这颗"树"开自己的"花"。

美国有一个出版商，想让总统为一本刚出版的书题词，以扩大知名度，增加销售量。谁知道总统看了书后，竟连一个字都没题，最后仅微微一笑："不错。"出版商听了后如获至宝，到处宣传：

"现有总统喜看的书出售。"结果，书一版再版，仍供不应求。

过了一段时间，出版商又拿一本新书给总统看。总统吸取了上次的教训，看也没看，就说："这本书糟透了。"出版商同样如获至宝，并大做宣传："现有总统最讨厌的书出售。"结果新书比上一次卖得更快，获利更多。

又一本新书出版后，出版商又去请总统题词，总统为了不让出版商钻空子，决定沉默不语。本以为出版商这次一定没有办法了。谁知道出版商比前两次还高兴，又去大做广告："现有总统难以下结论的书出售。"这次，出版商又足足地赚了一把。

这位出版商利用总统的名气进行促销活动，其手段可谓巧妙之极，既达到了卖书的目的，又让总统无话可说。他利用人们对总统这一国家最高领导人的神秘感和崇敬心情，围绕总统的情绪反应大做宣传，增加了新书的吸引力，使读者趋之若鹜。

商家或者企业在没有良好的声誉和形象之前，要想取得良好的经营成绩是非常困难的。所以，这位出版商正是抓住人们普遍崇拜总统的心理，每次都去叫总统题词而大发其财。

在敌我交战的时候，有时可以虚张声势，使本来并不强大的力量，在对方面前显现出非常强大的声威气势。

智慧品读

"树上开花"是指树上本来没有花开，不过可以把假花粘在树上，和真花一样，不仔细去看，真假难辨，以达到以假乱真的目的。这就要善于借助各种因素来为自己壮大声势。此计中"树"是指那些被借来张势的，因此，在我方"花"还没有着落时，不妨借"树"。为此，首先"树"要精心挑选。其次"花"要巧妙布置，善于伪装，以达到以弱胜强的目的。

06 第三十计　反客为主

原文

乘隙插足，扼其主机，渐之进也。

按：为人驱使者为奴，为人尊处者为客；不能立足者为暂客，能立足者为久客；客久而不能主事者为贱客，能主事则可渐握机要，而为主矣。故反客为主之局，第一步须争客位，第二步须乘隙，第三步须插足，第四步须握机，第五步乃成为主。为主，则并人之军矣。此渐进之阴谋也。

释义

把握时机插足进去，紧紧地掌握它的要害关节部位。这就像《周易·渐卦》所说的，循序渐进，则无往不胜。

按语：被主人驱遣使唤的是奴仆，相处一起受主人尊重的是客人，不能在寄居地站稳脚跟的是暂时的客人，能站稳脚跟的是长期的客人。做客久了，却不能主持事务，这是地位低下的客人；能够主持事务就能逐渐掌握他们的机要，从而变成主人。所以，形成变客人为主人的局面，第一步是争取到客人的位置；第二步是发现疏漏；第三步是插足；第四步是掌握机要命脉；第五步，就成了主人。做了主人，就把他们的军队兼并过来了。这是一个循序渐进的谋略。

传世典故

公元前360年，秦孝公登上了秦国的王位。当时，秦国还很落后，虽然秦国在秦穆公的时候，曾一度成为西方的霸主，但秦国的政治经济依旧很落后。秦孝公一上台，就对世人说："长期以来，秦国内忧外患，各诸侯国瞧不起秦国，这真是奇耻大辱。"为了使秦国强大起来，秦孝公颁布了一个招贤令，说："不管是本国人，还是别的国家的人，谁能献奇计，使秦国强大起来，寡人就封给他高爵，赐给他土地，让他做高官。"

远在魏国的商鞅，听到这个消息，立即收拾行装，带着李悝的《法经》，风尘仆仆地向秦国奔来。

商鞅到了秦国，打听到秦国有个叫景监的人很受秦孝公的宠爱，就用重金贿赂他，托他引见秦孝公。据说，在景监的引见下，商鞅一共四次拜谒秦孝公。

第一次拜谒：商鞅对秦孝公大谈传说中的尧、舜这些帝王如何与百姓同甘共苦，身体力行，以自己的模范行动感化了百姓，从而达到天下大治这一套所谓的"帝道"。结果说得秦孝公直打瞌睡，一句也没听进去。事后，孝公责备景监，说："你的那个客人，只会说一些大话来欺人，不值得一用。"景监就埋怨商鞅，商鞅说："我向国君进献了帝道，可他却不能领会。"还说，"我第一次没经验，请你再引见一次。"

第二次拜谒：这是在五天以后的事情。商鞅大谈周文王、武王的"王道"，这次，孝公没睡觉，听了一半。孝公对景监说："你那个朋友啊，没多大能耐，但可以交谈。过几天再让他进宫来谈吧。"

第三次拜谒：这一次，他们谈得比较投机，但孝公也没表示要任用他，只是对景监说："你的这个朋友还可以，我能同他谈得来！"景监问商鞅："你都对国君谈了什么？"商鞅说："我向国君推荐了春秋五霸以武力强国的道理，国君有要用我的意思了，如果能再见我一次，我知道怎么去说服国君了！"

第四次拜谒：当商鞅向国君进言时，秦孝公听入了迷，有时甚至忘记了君臣礼节，不知不觉地一次次将坐席向前移，商鞅一连说了好几天，孝公也没听够。景监很奇怪，问道："你说了些什么打动了国君，国君那么激动。"商鞅说："我向国君进献帝道、王道，国君说那些事太久了，他等不及，我向国君进献强国之术，国君就特别高兴。"

商鞅为了让孝公接受自己的观点，一次又一次地晋见孝公，终于使孝公接受了他的政治观点。在以后的两年里，商鞅成为孝公宫廷中最受欢迎的人。他们经常在一起彻夜长谈，富国强兵的政策也渐渐成熟了。

公元前359年，孝公授权商鞅，正式推行变法，但这遭到了保守势力的强烈反对。甘龙、杜挚是反对派的代言人。于是，在改革的前夜，在秦国的宫廷，发生了一场激烈的大论战。

孝公说："我既然身为国君，就应该以国事为重，这是国君的本分。现在我想变法以求强国，改变旧礼以教化民众，但我又担心天下人议论我。"

商鞅立即指出："要变革旧有的法令制度，肯定会有人怀疑您的动机和变法的效果，这不足为奇。凡是有高出常人的行为的人，必然会被世人非议；有强烈的主见和高明的远见的人，怎么会马上得到他人信任呢？愚钝平庸的人，对已经明朗的状况都不能察觉；才智过人者，则能够在事情还未曾萌芽时就推测到它的结果；一般的臣民，因为心智过于平常，不可以和他们谋划创业之事，不过可以让他们坐享其成。那些有大志向，能成就大功业者不屑于和大多数平庸的人商议。在有识之士看来，只要能够使国家强大，只要有利于民，就不必拘泥于固有的成法。"

商鞅这一番长篇大论，让秦孝公非常激动，马上回应说："好！太好了！"但商鞅的矛头明显地指向了反对派，孝公又明确支持商鞅，这引起了他们的不满。

甘龙赶紧上前说："我听说圣人不会改变那些民众的本质就可以对他们进行教化；有大智慧的人，不必改变原有的法纪，就可以使天下大治。按照老习惯去做，可以不费力气就能教化民众；依照旧制度去治理国家，官吏熟悉，民众好接受。如今，国君不按秦国的传统办事，天下人肯定要议论国君。请国君郑重考虑。"

秦孝公并非鲁莽之人，他听到甘龙的话，心里有所触动。商鞅见状，急忙上前说道：

"甘龙所说不过世俗之言而已。普通人当然愿意安于现状，而那些老学究们则往往被他们熟悉的那一套所蒙蔽，这些成为他们接受新事物的桎梏。像这两种人，可以当官做老爷，但是他们不配去讨论变革的事情，因为他们只能看见眼前的东西，不懂得思考，墨守成规，不思进取，无所作为。请大王想一想，当年夏、商、周三代都是天下共同拥戴的帝王，但是他们都制订了完全不同的礼仪制度。春秋五霸，包括您的先祖秦穆公，都因使用不同的法度而成为天下的霸主。有智慧的人可以制定法纪，改订礼仪，移风易俗；而愚钝者只能被法纪所约束，也只能因循旧礼制。请大王想想，如果我秦国都是那些畏缩不前、因循守旧的庸人，什么时候才能恢复穆公时的霸业，什么时候才能建立大王您的万世之功呢？"

孝公听了，更坚定了变法的决心。公元前356年，商鞅实行了第一次变法。

商鞅在孝公的支持下，起草了一个改革的法令，但是他怕老百姓不信任他，不按照新法令去做。为了树立新法的威信，也为了让世人明白他有令必行的决心，他想了一个办法。

一天，商鞅命人在都城的南门竖了一根三丈高的木头，下命令说："谁能把这根木头扛到北门去，就赏十两金子。"

不一会儿，南门口围了一大堆人，大家议论纷纷。有的说："这根木头谁都拿得动，哪儿用得着十两赏金？"有的说："这大概是左庶长成心开玩笑吧。"

大伙儿你瞧我，我瞧你，就是没有一个敢上去扛木头的。

商鞅知道老百姓不相信他的命令，就把赏金提到五十两。没想到赏金越高，看热闹的人越觉得不近情理，仍旧没人敢去扛。

正在大伙儿议论纷纷的时候，人群中有一个人跑出来，说："我来试试。"他说完，把木头扛起来就走，一直搬到北门。

商鞅立刻派人传出话来，赏给扛木头的人五十两黄金，一分不少。

这件事立即传开，一下子轰动了秦国。老百姓说："左庶长的命令不含糊。"

商鞅知道，他的命令已经起了作用，就把他起草的新法令公布了出去。新法令赏罚分明，规定官职的大小和爵位的高低以打仗立功为标准。贵族没有军功的就没有爵位；多生产粮食和布帛的，免除官差；凡是为了做买卖和因为懒惰而贫穷的，连同妻子儿女都罚做官府的奴婢。

秦国自从商鞅变法以后，农业生产增加了，军事力量也强大了。不久，秦国进攻魏国的西部，从河西打到河东，把魏国的都城安邑也打了下来。

公元前350年，商鞅又实行了第二次改革，改革涉及国家的方方面面。传统的不适合形势发展的旧制度都被废除了，司马迁在《史记》中说，新法"行之十年，秦民大悦，道不拾遗，山无盗贼，家给人足。民勇于公战，怯于私斗，乡邑大治。"

秦国越来越富强，各方面的实力都赶上或超过了东方六国，秦国一跃而成为头号强国。周天子打发使者送祭肉来给秦孝公，封他为"方伯"（一方诸侯的首领），中原的诸侯国也纷纷向秦国道贺。魏国不得不割让河西土地，把国都迁到大梁（今河南开封）。

从此，秦国称雄于东方，为秦始皇统一六国奠定了坚实的基础。

商鞅在秦国的改革取得了巨大的成功。一千多年以后，北宋大政治家、改革家王安石写了一首咏史诗《商鞅》：

自古驱民在信诚，一言为重百金轻。

今人未可非商鞅，商鞅能令政必行。

诗的意思是：自古以来，统治者要驾驭于民，必须信守诺言，讲究诚信。不要指责商鞅残忍，他做到这样多么不容易。王安石认为，商鞅变法成功的原因是政令必行的结果。

在那个改革时期，秦国正发生着剧烈的社会碰撞。变法和反变法的斗争异常激烈。从南门立木开始，商鞅就使用赏罚非常分明的手段推行他的改革。

变法开始不久，商鞅就遭到了贵族、大臣的极端仇视。有一次，他们教唆秦国的太子驷犯法。太子年幼，果真犯了法。

商鞅对秦孝公说："国家的法令必须上下一律遵守，要是上头的人不能遵守，下面的人就不信任朝廷了。可是太子是您的亲生儿子，也是秦国未来的帝王，是不能加以重责的，所以，我们最好用权宜之计。"

秦孝公见商鞅如此说，便听从了他的建议。因为太子的身份特殊，不能在他脸上刺字或者当众杖责他。最后，决定对太子太傅公子虔用刑，又将太子少师公孙贾刺面，让他们替太子受刑。

满朝大臣知道这件事情后，都觉得以太子的身份都受到如此的惩罚，便人人自危，再也不敢多生事端。

商鞅处治太子的师傅，虽然打击了保守派的气焰，但保守派的实力仍然存在，没有被连根拔起。这次事件也让保守派和商鞅之间的矛盾越来越深，太子受到这样的处罚，心中也积下了怨气。

在商鞅的严厉打击下，反对派改变了手法，他们装作一副拥护变法的样子，大讲变法的好处。商鞅还是毫不手软，把他们统统迁到偏远的地区，剥夺了他们的地产和特权。

商鞅用刑之严，在历史上是有名的。据说，在渭水之滨，他曾一次就处死七百多人，把渭水都染红了，悲哭之声震动天地。

严刑峻法保证了新法的推行，但他的确得罪了很多人。商鞅在秦国做了十年的宰相，宗亲皇室贵族们对他多有怨恨。有人因此劝告他，希望他为自己寻找退路。但商鞅过分相信自己的能力，而且觉得自己制定的法令严明如山，谅那些贵族也做不了什么。

公元前338年，秦孝公死了，太子驷继位，这就是秦惠王。以太子的老师公子虔为首的保守派和大贵族们趁机以谋反的罪名状告商鞅。商鞅无路可逃，最终被擒，身受车裂之刑而惨死，他的全家都受株连被杀。

商鞅本是卫国人，在秦国主持变法，是反客为主之举。但是，一旦遭到反对，就没有人替他说话了。所以，他的下场很悲惨。

在日常生活中，我们也会经常遇到一些胡搅蛮缠的人，不妨先静下心来想一想，对方有什么弱点，抓住对方的弱点不放，就会反败为胜，变客为主。

过去，有一个人来到美国的一个地方淘金，由于他不畏艰险，淘到了不少金子，发了一笔财。他把所有的金子装到一个小包里，贴身携带。

他在回家的路上，借宿路边的一家空房，临睡前心里一阵兴奋，忍不住把金子拿出来看。没想到他的举动被房主人——一个有几个孩子的寡妇看在眼里。寡妇贪婪地从门缝窥探，决心把金子弄到手。

第二天，淘金人要赶路了，刚一出门便被寡妇扯住了衣服大声说："孩子他爹，你不能走，你把家里的钱都拿走了，我和孩子们该怎么过啊！"

淘金人很生气，想摆脱寡妇的纠缠。但是，寡妇死抓住衣服不放。这样招来了许多过路人。婆说婆有理，公说公有理。路人建议他俩到法官那里去说理。

见到法官后，寡妇申诉自己的丈夫想拿走家里的金子远走他乡，置她和孩子们于不顾。淘金人说："我只是一个过路人，根本不认识她们，可以叫那些孩子作证。"没想到孩子们见了他便喊爸爸，令他哭笑不得。法官认定，淘金人就是孩子们的父亲，便把金子判给了寡妇，并说："如果你留下，就与她好好过日子；如果要走，不准带走一克金子。"

淘金人见势不好，知道中计了，便想了想说："我决定走，并要把两个孩子也带走，可孩子的母亲不答应，因此请求法官判决。"

法官果然判定他带走两个孩子。寡妇慌了手脚，但又无可奈何，因为她无法说淘金人不是孩子的父亲。

出了法庭，寡妇哀求淘金人还回她的孩子，并说她可以把金子奉还。而这正是淘金人所希望的。

淘金人最后反客为主，变被动为主动，以"丈夫"的身份制服了那个贪婪的寡妇。

智慧品读

"反客为主"常常用在处于被动地位时，要努力变被动为主动，争取掌握战争主动权上。被动意味着挨打，居于客位意味着受人支配。只有摆脱被动的局面，处于主人的地位，才能把握胜局。运用"反客为主"之计，要懂得抓住时机，同时果断行动，变被动为主动。

第六套
败战计

　　这六计是我方处于劣势时使用的，当很多不确定的因素存在时，要反败为胜，变劣势为优势，它可以帮助我们反败为胜，出奇制胜。千万不要把一时的失败当作永远的失败，要积极谋划，争取东山再起。

01 第三十一计　美人计

原文

兵强者，攻其将；将智者，伐其情。将弱兵颓，其势自萎。利用御寇，顺相保也。

按：兵强将智，不可以敌，势必事之。事之以土地，以增其势，如六国之事秦，策之最下者也。事之以币帛，以增其富，如宋之事辽金，策之下者也。惟事之以美人，以佚其志，以弱其体，以增其下之怨，如勾践以西施重宝取悦吴王夫差，乃可转败为胜。

释义

敌人兵力强大，就得打其将领的主意；将领足智多谋，那就想方设法腐蚀他的意志。将领意志消沉，部队士气颓废，敌人的气势自然就萎靡下去了。这就是《周易·渐卦》所说的抵御敌人，顺利地保全自己的实力。

按语：兵力强大，将帅明智，不能跟这样的敌人正面交锋，情势所迫只能曲意逢迎讨好他。割让土地侍奉敌人，就更增强了他的势力，助长了他的气焰，像战国时期的韩、赵、魏、楚、燕、齐等六个国家取悦于秦国，这是最无能低下的策略。进贡金银布帛侍奉敌人，就增加了他的财富，像宋代朝廷讨好辽国和金国，也是低下的策略。只有进献美女给敌人，让他意志消沉耽于淫佚，身体衰弱，从而引起并激化部下对其主上的怨恨，像越王勾践用美女西施和珍玩重宝讨好吴王夫差，才能转败为胜。

传世典故

越国是长江下游的一个小国。公元前506年，吴国大败楚国于柏举，楚昭王逃亡，楚大臣申包胥向秦国求助。公元前505年，秦襄公派兵援楚，打败了吴军，收复了楚都郢。就在吴军攻陷楚都郢时，吴国的邻居越国趁机偷袭了吴国。那时，越国的力量还远比不上吴国，越国竟敢在吴国的头上动土，吴国大怒。公元前496年，吴国讨伐越国，不料，吴国国王阖闾被打伤，很快就死了。阖闾的儿子夫差决心为父报仇。

公元前494年，吴王夫差亲率大军伐越。两军在夫椒（今江苏太湖椒山）决战，越军大败，吴军乘胜攻入越都。越王勾践面临绝境，在文种、范蠡的谋划下，数次以"卑辞厚礼"，收买吴国大臣伯嚭，托他求夫差放勾践一条生路。文种还爬着去见夫差，一边磕头，一边流着泪请求做吴王的附属。

吴王夫差同意了。越王勾践携妻带子，与大臣范蠡一起入吴，作为屈辱的人质。他们一到吴国，就被关在石城，俯首称臣。吴王夫差罚勾践夫妇以及大臣范蠡等在吴王宫里服劳役，借以羞辱他们。越王勾践在吴王夫差面前卑躬屈膝，百般逢迎。吴王夫差觉得勾践已经没有什么复国之志了，又觉得他们君臣终日辛苦劳作，也怪可怜的，想放他们回国，大臣伍子胥坚决反对，说放勾践回去，就等于放虎归山，吴王不听，三年后，就放他们君臣回到了越国。

勾践被释放回越国之后，急于报仇雪耻，就召集文种、范蠡等大臣商议对策。

范蠡说："虽然这几年我们国家的人口增多了，国家也出现了振兴的迹象，但是和吴国比还差得很远，并且吴国方面还有个具有远见卓识的伍子胥。现在起兵复仇，时机还不成熟啊。"

"那怎么办呢？"勾践焦急地说，"要等着时机成熟得何年何月啊？"

这时，文种就向勾践献上一计："高飞之鸟，死于美食，深泉之鱼，死于芳饵，要想复国雪耻，应投其所好，衰其斗志，这样，可置夫差于死地。"

勾践一听就来了兴致，连忙说："你快说说，到底该怎么做呢？"

文种说："大王可挑选美女送到吴王的宫廷，让他整日沉湎酒色，意志消磨。我们这一方加紧训练士兵，整顿军队，发展生产，繁荣国家。一旦抓住吴王的弱点，就乘虚而入，一举消灭他。"

勾践一听，非常高兴，马上依照文种的计策，派人到深山中砍伐了千年古木，百尺良材，又经国内一流的能工巧匠雕饰以后，派文种护送到了吴国宫廷。

吴王夫差看到这样的杰作心花怒放，大笑道："勾践的忠心，成就了我的辉煌大厦。"于是，吴国举全国之力，用了3年时间备料，5年时间施工，勾践又给吴国送去了大量的木料，最终完成了无比奢华的姑苏台。

随后，勾践又命人挑选了两名绝代佳人：西施、郑旦，经过一阵调教之后，两个姑娘完全具备了一个宫女应该具备的技艺。西施和郑旦虽然不愿侍奉吴王，但她们深明大义，为了报国耻，她们还是踏上了吴国的土地。

夫差得到两个美人，把所有的国家大事都忘了，整天和她们腻在一起。不久，郑旦因不适应吴国的环境，郁郁而死。西施强颜欢笑，与夫差周旋。

西施的绝世容颜和柔言媚语让夫差神魂颠倒，色令智消，他下令耗费巨资为西施筑馆娃宫，终日与她嬉戏其中，沉湎酒色，不理朝政。传说，西施早晨梳妆常照池为镜，夫差并立在她身后，亲自为她撩发施妆。他对西施说："以你的娇妍，映在水里，水也生媚。"

在西施的温柔怀抱里，夫差早将争夺盟国霸主地位的壮志置之脑后，更放松了对越王的警惕，使勾践有了卧薪尝胆、励精图治的良机。

夫差对西施如此宠爱，西施在枕边就经常挑拨夫差与吴国肱股之臣伍子胥的关系。伍子胥曾仰天叹息："吴国的今天，就像桀纣之世，怎么能不灭亡啊？"吴的军事力量大大削弱了，而越国却在暗中把"刀"磨得锋利无比。

后来，吴国进攻齐国，勾践还出兵帮助吴王伐齐，借以表示忠心，麻痹夫差。吴国打胜之后，勾践还亲自到吴国祝贺。

夫差贪恋女色，一天比一天厉害，根本不想过问政事。伍子胥力谏无效，反被逼自尽。勾践看在眼里，喜在心中。

公元前482年，吴国大旱，勾践趁夫差北上会盟国内空虚之际，突出奇兵伐吴，攻破吴都，杀死吴太子。夫差回国后，无力报复，只得忍让言机，其后越军不断进攻。

公元前474年，吴都被围三年后城破，夫差自杀，越国终于吞并吴国。勾践消灭吴国后，率军北渡长江，与齐、晋等诸侯会盟，做了中原霸主。这一切的得来，与文种奉献的美人计有直接的关系。

越王灭吴后，范蠡看出越王勾践可以共患难，不能同享乐，就劝文种离开。范蠡同西施乘一条小船离去，后游齐国，改称陶朱公，经商致富。文种不听，被越王勾践杀害。

唐代诗人罗隐有诗曰：

家国兴亡自有时，

吴人何苦怨西施。

西施若解倾吴国，

越国亡来又是谁？

意思是不应该把国家的兴亡归结于一个弱女子身上，似乎为西施说了一句公道话，但夫差贪恋女色，最终误国，越国得以报仇雪恨，西施确实也有一份功劳。

这是运用"美人计"的经典例子。对于强大的吴国，越国还没有足够的力量对付它，所以使用美人计，使吴王沉浸在美人的温柔乡里，渐渐失去了防卫力量和防卫心理，最终落得个自取其败的下场。

古今中外，"美人计"几乎无处不在，无时不在。吕布戏貂蝉是中国人家喻户晓的故事，也是一个连环美人计。这个故事的设计者是东汉朝廷的忠臣王允。

王允出生于名门望族。但他生活的时代已是东汉末年，他很早就练文习武，立志报国，被时人誉为"一日千里，王佐之才"。

公元184年，震惊朝廷的黄巾大起义爆发。47岁的王允被招为豫州刺史，他参与了镇压黄巾军，并且收降了不少义军。汉灵帝对他的功业很满意。可是就在镇压黄巾起义的过程中，王允发现宦官张让与黄巾军有书信联系，便上报了汉灵帝。灵帝很生气，就斥责张让。张让赶紧叩头谢罪，对王允怀恨在心。第二年，王允就被诬陷下狱，几乎丧命。

公元189年，汉灵帝死，何太后临朝。外戚大将军何进执掌朝政，召王允参与策划诛灭宦官的计划。王允这才重蹈官场。

当时，宦官独霸朝政，成为皇帝的衣食父母，为所欲为，无恶不作，人们恨透了宦官。王允更是受到宦官的几经迫害，恨不能把宦官斩尽杀绝。可是，不曾想到何进不慎泄谋，反被宦官杀掉。接着，袁绍又率兵一举歼灭宦官。久怀不测之心的凉州刺史董卓，则乘机移重兵于洛阳，废皇子，杀太后，立汉献帝刘协为傀儡，把持朝政，把都城迁到了长安。

汉献帝继位后，王允官运亨通，朝政大事均由王允处理，短短几年间就成了朝廷重臣。董卓则愈加专横跋扈，甚至图谋篡夺帝位，王允便决心铲除这个奸贼。王允在当时的作用，史书是这样记载的："允矫情屈意，每相承附，卓亦推心，不生乖疑，故得扶持王室于危乱之中，臣主内外，莫不倚恃焉。"

王允知道董卓"挟天子以令诸侯"，手中又握有重兵，无法以强取胜，便矫情曲意，一味奉承，佯装忠诚。董卓被王允假象蒙蔽，对他推心置腹，以密友相待。

王允暗中则连施几计，要除掉董卓，不料都告夭折。

王允对朝政更加担忧。一日，他独自一人在后花园闷坐，府中歌妓貂蝉悄悄来到身边，问："丞相因何叹气？"

王允答曰："如今，董贼专权，朝廷危险，我却无计可施。"貂蝉也黯然神伤，王允忙问原由。

貂蝉告诉王允："奴本是吕布之妻，自在临洮府失散后，至今不曾见到丈夫。"说罢，双泪长流。

王允听了，遂定下一计，欲通过貂蝉来离间吕布与董卓之间的关系，借吕布之手来除掉董卓。

这时，吕布已成为董卓的义子，此人武艺高强，董卓对他很器重。于是，在一个良辰吉日，王允把貂蝉送给了董卓。在王允的导演下，一场吕布戏貂蝉的好戏上演了。

初平三年（192）四月，阴雨连绵60多天，王允与士孙瑞、杨瓒一起再次谋划诛杀董卓。士孙瑞认为时机已经成熟，应当立即动手除奸。王允也同意士孙瑞的看法，但董卓有勇将吕布常在身侧，是执行谋杀董卓的障碍。于是，王允便暗中以厚礼馈赠吕布，与吕布相互往来，结为密友。

吕布原是并州刺史丁原的部下，任主簿，极受丁原信任。丁原带兵到洛阳本是与何进共诛宦官的，后何进谋败被杀，董卓入京，诱使吕布斩杀丁原，并其兵众为己有，擢升吕布为骑都尉，誓为父子，让吕布为心腹侍卫。可是董卓气量狭小，性情暴戾。有一次竟为一件小事动怒，拔出手戟要刺杀吕布。幸亏吕布艺高急躲，才未被击中，从此心中对董卓就有了怨恨。

这时，吕布发现自己的爱妻貂蝉已为董卓的宠妾，更加痛恨董卓了。他与貂蝉常常暗中相会，每次貂蝉都是啼哭不已，嘱咐吕布早点迎自己回家。吕布难免儿女情长，但又担心董卓发觉，很是不安。

一切都在王允的安排下正常进行。在一次酒席之际，王允告诉吕布，他们准备刺杀董卓，要吕布作为内应。吕布虽已动心，可又觉为难。他说："我与董卓父子关系，这怎么能行呢？"王允遂动之情理说："太师姓董，将军姓吕，本非骨肉。再说，他向你投手戟的时候，父子感情到哪里去了？何况将军的爱妻还在董贼的手上？"吕布经王允这么一激，幡然醒悟，便应允作为内应。

一个极好的时机来了。一日，汉献帝久病新愈，要在皇宫召见群臣。吕布率先布置同乡人骑都尉李肃带领亲兵十余人，扮作卫士守在未央宫掖门内。等到董卓下马进门，李肃等人突然一齐动手，持戈直刺董卓。董卓惊呼："我儿吕布何在？"此时吕布从后面走出来，厉声喝道："有诏讨贼！"一戟刺入董卓咽喉，结束了他的性命。

王允为诛杀董卓，韬光养晦，积蓄力量，利用矛盾，终于把董卓送上断头台，完成了他一生最具声色的壮举。王允后来被董卓的部将杀害。

自从吕布白门楼殒命之后，貂蝉，这位胆色俱佳的奇女子便就此不见了踪迹。有的戏剧描述：吕布死后，貂蝉被曹操带回许昌，作为侍女留在丞相府中，关羽暂时降曹之后，曹操为了笼络关羽之心，特赐美女十人，貂蝉便是其中一位。当关羽听到貂蝉报出姓名之后，感其胆识，撩髯称了一声"好"之后，闭目不言，挥手令去。貂蝉听后，明白关羽全其名节之意，回房后遂自尽而亡。

在演义中，貂蝉是位舍身报国的可敬女子，她为了挽救天下黎民，为了铲除权臣董卓，受王允所托，上演了可歌可泣的连环计（连环美人计），周旋于两个男人之间，成功地离间了董卓和吕布，最终吕布将董卓杀死，结束了董卓专权的黑暗时期。

貂蝉与西施、杨贵妃、王昭君为中国古代四大美女。貂蝉与西施则成了美人计的主角，最后的命运都是扑朔迷离。

现代战争中，甚至政治争斗中，也不乏使用美人计的例子。美人计有强烈的现代色彩，多采用间谍的方式，利用金钱贿赂，利用美人诱惑，套取绝密信息。

1940年年初，波兰战争结束之后不久，纳粹德国准备大规模入侵西欧国家。希特勒手下的秘密警察盖世太保也加紧活动，多方搜集情报，寻觅反纳粹分子。

当时，在德国首都柏林莱希特大街一家装饰豪华的妓院重新开业。这家高级妓院专门接待德军军官、政府要员、各国外交官以及富有的阿拉伯商人。人们并不知道，这家高级妓院的背后操纵者是盖世太保的头目海德里希。控制一个色情场所套取所需情报，是海德里希蓄谋已久的一个阴谋。经过比较，他选中了莱希特大街十一号这家妓院，并成功地制服了该妓院老板基蒂夫人。保安处的间谍们掌握了基蒂夫人曾掩护过犹太人和把财产转到国外的事实，使她不得不就范。她签了一张保证书，发誓绝不把这里发生的事情说出去。

基地有了，海德里希便亲自指挥党卫队和警察把柏林所有的妓院、夜总会翻了个底朝天，经过严格审查，初选出90名美貌少女。为了更加符合条件，他还特意请来一批各方面的专家参与挑选工作。心理学家负责对每个姑娘进行心理测试，以查明她们的精神状态和大脑发育程度；医学家则对姑娘的身体进行全面检查，其中包括有无性病；美学家的主要任务是从体态上挑选那些身段美、性感的姑娘。

最后，经过几轮的严格挑选，从中选定20名少女，然后，对这些妓女进行了十个月的外语、密码破译、字母组合等方面的特殊培训。其中，以如何将嫖客灌得酩酊大醉，然后套取情报为重要内容。此外，便是在地下室安装了录音装置。一切就绪，1940年年初，这家很快就红火起来的高级妓院经过整修后正式营业了，海德里希把它称为"JT行动。"

海德里希认为妓院是个可轻易获得情报的特殊场所。有了"JT行动"，他就可以知道那些有身份、有地位的人想些什么、知道些什么，从而能谈些什么。另外，了解自己的人都同外界有何联系，都说了些什么，也十分重要。海德里希从这些外交官和与这些外交官来往的商人、政客、学者口中获取更深层的情报。这家高级妓院，可以招徕这些倒在石榴裙下口吐真言的冒失鬼。

从此，便有很多达官显贵被介绍到基蒂妓院来，他们被告知，只要说一声"我从罗登堡来"便会受到特别接待。每有重要人物光顾妓院，海德里希就亲自坐镇。有一次，海德里希从录音机里听到一个喝醉酒的德军上校对妓女说："元首已秘密下达了进攻利比亚的命令，隆美尔将军就要带领四个师的兵力向阿拉曼地区发动进攻，来一个闪电战……"海德里希大吃一惊，他下令："去，逮捕这个多嘴的家伙。"

当时的意大利外长加拉索·齐亚诺伯爵到基蒂妓院拈花惹草时，他对一个姑娘说："希特勒没有远见，是一个政客、无赖，一个无能的人。"海德里希把录音送到希特勒那儿，从此，希特勒便开始仇视墨索里尼的这位乘龙快婿了。

1940年9月，西班牙外长沙那光临妓院时，向一位姑娘透露了西班牙要入侵直布罗陀的计划，海德里希把这一情报报告了希特勒，使西班牙的这一计划中途流产。仅在1940年这一年，就有近万名特殊顾客光顾妓院，海德里希从这些酒后吐真言的男人嘴里获取了大量情报。那些泄露机密的德国军官、政府官员均被送上法庭判处死刑。许多人直到死前也不明白自己是如何落入盖世太保的桃色陷阱中去的。

智慧品读

　　"美人计"一般用于在军事行动难以征服敌方的情况下，使用"糖衣炮弹"及所贪爱的事物或利用女色及所崇信的人，先从思想意志上打败敌方的将帅，使其内部丧失战斗力，然后再行攻取，己方就能顺势保存实力，由弱变强。

02 第三十二计　空城计

原文

虚者虚之，疑中生疑；刚柔之际，奇而复奇。

按：虚虚实实，兵无常势。虚而示虚，诸葛而后，不乏其人。

释义

兵力空虚，设局布阵再显示给敌人空虚，使敌人在疑惑之中再生疑惑。这就像《周易·解卦》所昭示的那样，在敌我力量悬殊的危急关头，使用此计达到出奇制胜的效果。

按语：用兵作战虚虚实实，没有什么一成不变的模式。兵力空虚却又故意让敌人看到自己空虚的样子，诸葛亮之后，使用这种计策的不乏其例。

传世典故

西汉时期，北方匈奴势力逐渐强大，不断兴兵进犯中原。李广曾受命抗击匈奴，立下赫赫战功。

李广的祖先是秦朝将军李信，曾率军战败燕太子丹。李广接受世传弓法，射得一手好箭。汉文帝十四年（前166），匈奴大举入侵边关，李广以良家子弟从军，抗击匈奴。因善于用箭，杀死和俘虏了众多敌人，升为郎中，以骑士侍卫皇帝。

后来，飞将军李广任上谷太守，那里是匈奴南犯的前沿，匈奴军队几乎天天来犯，李广率军天天和匈奴骑兵周旋，打退了匈奴无数次的进犯。汉景帝时改任李广为上郡太守。上郡是匈奴南进的军事要冲。李广刚到上郡就赶上匈奴大举南进。

一天，景帝派了一个自己亲近的宦官到上郡，这个宦官不懂军事，也不把李广放在眼里，竟不听李广的告诫，私自带了几十个轻骑兵外出打猎。他们刚到草原深处，就遇到三个匈奴兵。宦官以为自己人多势众，就想活捉这三个匈奴人，好向皇上邀功。哪知这三个匈奴人个个身手不凡，把汉军接二连三地射落马下，宦官也受伤了，在所剩不多的几个随从的护卫下逃回。

李广听了宦官的描述，认定他们是遇到了匈奴的射雕高手，于是，亲自率领一百名骑兵前去追击。一直追了几十里地，终于追上，杀了两名，活捉一名。正准备回营时，忽然发现有数千名匈奴骑兵也向这里开来。匈奴队伍也发现了李广，但看见李广只有百名骑兵，以为是大部队诱敌的前锋，不敢贸然攻击，急忙上山摆开阵势，观察动静。

李广的百名随从，一见匈奴骑兵如乌云般席卷而来，非常恐慌。李广沉着地稳住队伍："我们只有百余骑，离我们的大营有几十里远。如果我们逃跑，匈奴肯定追杀我们。如果我们按兵不动，敌人肯定会疑心我们有大部队行动，他们决不敢轻易进攻的。现在，我们继续前进。"到了离敌阵仅二里地光景的地方，李广下令："全体下马休息。"他手下的骑兵说："敌人离我们那么近，而且人又多，形势危急，我们怎能下马呢？"李广说："我们没法跑掉，今皆解鞍以示不走，他们就会认为我们真的有大部队。"

李广的士兵于是卸下马鞍，悠闲地躺在草地上，一边看着战马在一旁津津有味地吃草，一边休息。

匈奴部将眼看着李广的士兵们下马休息，马儿悠闲地吃着草，

感到十分奇怪，派了一名军官出阵观察形势。李广立即命令上马，冲杀过去，一箭射死了这个军官。然后又回到原地，继续休息。

这时，夜幕降临了。匈奴部将料定附近有汉军大部队的埋伏，担心夜间遭到突袭，便趁着月色，慌慌张张地引兵逃跑了。

第二天早晨，李广的百余骑兵一觉醒来，发现几千匈奴骑兵无影无踪了。李广率领随从们安全返回了大营。

后来，三国时期的诸葛亮唱了一出著名的空城计，使这一计谋家喻户晓，并且被不断地使用。

北齐祖珽任北徐州刺史，刚一上任就碰上了南朝陈军来犯，老百姓也大多反叛依附陈军。祖珽下令城门大开，城墙上的防守士兵都撤下来静静地坐在大街小巷里，禁止过往人等，鸡不鸣狗不叫。敌军看不到人影也听不到动静，根本无法预料其中的奥秘，于是怀疑这是座已放弃了的空城，也就不加戒备设防。祖珽这时突然命令城内大声呐喊，战鼓声助威声震天动地，把敌人搞得糊里糊涂，最后只得逃散而去。

唐玄宗开元年间，吐蕃人攻陷瓜州，大将军王君㚟战死，河西地区人心恐惧，一片混乱。这时，朝廷任命张守珪为瓜州刺史。到任后，他率将士重新修复城墙，刚刚树立好固定筑墙夹板的木桩，敌人又突然兵临城下。这时候可以防御的设施一点也没有，城中军民相顾失色，哪有什么斗志。张守珪说："敌众我寡，再加上城池刚刚被破坏，光用石头弓箭是不能退敌的，必须用谋略克敌制胜。"于是就让士兵在城墙上敲敲打打，奏乐摆席，他跟将士们饮酒谈笑。吐蕃军队看了这番光景，猜疑城内有所防备，没敢贸然进攻便罢兵而回。

在现代经营活动中，"空城计"也被广泛使用。经营者一个大胆的计划，一种奇异的构思，配以虚张声势的行动，往往能收到意想不到的效果，达到轰动的效应和目的。

北方某省的大枣丰收了，农民们踊跃地将大枣交到了大枣收购处，这使得大枣进出口公司的大枣比以往多了好几倍，面对如此众多的大枣，公司上下都发起了愁。

正在这时，有外商前来询问。

我进出口公司感到这是一个极好的机会，一定要想法把握住，既要把大枣卖出去，同时还要设法卖个好价钱。为此，他们做了周密的布置。

在和外商谈判的过程中，外商向我方询问大枣市场上的行情，我方故意把大枣的价钱提高了，高于国际市场的行情。

外商疑惑不解地问："为什么大枣的价格那么高？"

我方代表坦然地说道："价格高是因为今年大枣的收购量低，库存量小，加上前来求购的客户很多，所以价格就只得上涨。中国人有句古话叫'僧多粥少'，就是这个意思。"

外商对我方所讲的话将信将疑，谈判也因此暂时中止了。

随后的几天，又有许多客户前来询盘。我方照旧以同样的理由，同样的价格回复他们。

这是怎么回事？真的像所说的那样吗？若是真的需求量大而库存量小的话，那得快些签订购货合同，否则有可能价格还会提高。外商心中没有底。

虽然说他们对大枣报价高心存疑问，想去了解真正的产量与需求量等问题。但他们在此地无法直接去了解这个问题，只能靠间接的途径来通过其他渠道去了解。

而其他的途径，就只是向其他客户去询查，可询问的结果，与自己方面的信息是一致的。于是外商赶快与我进出口公司关于购销大枣一事签订了合同，唯恐来迟了而无货可供。价格当然按照我方所报价而没有降低。

这样一来，其他客户纷纷仿效，在很短的时间内把积压的大枣销售一空，而且还卖了个好价钱。

在上面这个实例中，我进出口公司很快地运用了"空城计"的战术，故意对外商说是"大枣库存量小，需求量大，价格上涨。"并对自己提供的信息做好周密准备，使对方无法证实信息的真假，难辨真伪，最终我方不但销出了大枣，而且还卖了个好价。

智慧品读

"空城计"是指如果兵力空虚，就故意显示出更加空虚的样子，使敌人摸不清虚实而更加疑惑。在敌强我弱的情况下，运用此计会更加奇妙。使用此计的关键是要清楚地了解并掌握敌方将帅的心理状况和性格特征。多数情况下只能当作缓兵之计，还得防止敌人卷土重来。

03 第三十三计　反间计

原文

疑中之疑，比之自内，不自失也。

按：间者，使敌自相疑忌也；反间者，因敌之间而间之也。

释义

在疑阵之上再布疑阵，借助于来自敌人内部的间谍辅助于我，自己就不会有什么损失。

按语：所谓间谍，就是使敌人内部互相怀疑和猜忌；所谓反间谍，就是利用敌人的间谍去离间他们自己。

传世典故

乐毅是战国后期很有名的将领。燕昭王时，任命乐毅为上将军，叫他带领大军，联合秦、楚、赵、魏、韩五国，大举进攻齐国。齐军望风披靡。乐毅率领军队乘胜前进，接连攻占70多座城，齐军至齐都临淄。齐愍王见都城临淄孤城难守，只好率少数臣僚逃往莒城。这时就只有莒和即墨没有攻下了。乐毅派军队把这两座城紧紧包围，不断地攻打。齐国军民拼命抵抗。燕军围城围了一年，也没有攻下。

几年以后，燕昭王死了，太子乐资即位，称燕惠王。燕惠王做太子时，就与乐毅有矛盾，所以当他继位以后，对乐毅用而不信。齐国的将领田单得悉燕惠王与燕军主帅乐毅有矛盾，且对乐毅三年不能克齐极为不满的情况后，即派人入燕，散布消息说："齐国国王已死，目前仅保有两座城池。乐毅同燕国新王有仇怨，惧怕杀身之祸而不敢归国，故借攻齐之名，控制军队，还想在齐国为王。现在齐人还不愿归顺乐毅，故乐毅缓攻即墨以待时机。齐人最为忧虑的就是燕王调换将领，那样，即墨便不可守了。"燕王听到后竟信以为真，以骑劫取代乐毅为将。招乐毅回燕，乐毅深知燕惠王收回他的兵权，意味着听信谣言，欲加罪于自己，便投奔赵国去了。乐毅去职，不仅使田单少了一名难以对付的敌手，还大大刺伤了燕军将士的心，个个愤愤不平。

燕国中了田单的反间计，骑劫取代乐毅为将，田单就着手准备反攻了。田单利用当时人们对上天的迷信心理，编了一套梦话，说老天爷马上要派一个神师来帮助我们。大家听了很高兴。有个机灵的士兵走到田单跟前，悄悄说："您看我可以当神师吗？"说完就走。田单赶紧把他拉回来，宣布说："他就是老天爷在梦里指派给我的神师！"随后就把这个小兵当作"神师"打扮起来。小兵倒慌了，私下对田单说："我这可是欺君了。"田单嘱咐他说："你别作声就行了。"从此，田单就把小兵当"神师"了。

没几天，田单又传达"神师"的命令：每顿饭前要把祭品挂到房檐上，先祭祀祖先。这一来，可乐坏了那些乌鸦、麻雀，都争着来吃食，每天吃饭的时候，就成群成群地飞来了。城外的燕军将士觉得很奇怪，连飞鸟都黑压压一片去朝拜，莫不是真有神人相助？心想，既然人家得到天助，这仗还能打赢吗？于是人心惶惶，士气动摇了。

田单又派人到燕军中传言说："田单最怕的就是燕军割去所俘齐兵的鼻子，并将他们推到阵前，导引攻城，那样，即墨便守不住了。"骑劫邀功心切，欲以恐怖之举震慑齐军，听到此传言后，果然如法炮制。即墨军民在城头望见燕军以如此残忍的手段对待齐军俘虏，唯恐被燕军抓去，更加坚定了守城的决心。

接着，田单派人散布说："齐人怕的是燕军挖掘城外齐人的祖坟。"燕军果然挖了齐人的祖坟，尽烧骸骨。即墨军民无不悲痛涕零，怒火中烧，纷纷请缨出战，与燕军决一雌雄。

为了麻痹敌人，田单藏甲隐兵，以老、弱、妇女登城守望，又派人向燕军诈降。燕军果然认为齐军精甲已伤亡殆尽，丧失了守城的能力。田单又收集黄金千镒，派即墨富豪送给燕将，并恳求说："即墨投降在即，但愿燕军不要掳掠我的家族妻女。"燕将对即墨将降确信无疑，更加疏于戒备了。

田单一面实行一系列的反间计，一面加紧反攻的部署。他下令把全城的牛都集中起来，共有一千多头，给每头牛披上一件褂子，褂子上画着稀奇古怪五颜六色的花纹，牛犄角上都绑着锋利的尖刀，尾巴上绑了一捆浸满了油的芦苇。一个夜间，他下令点燃牛尾芦苇，牛负痛从城脚预挖的数十个信道狂奔燕营，五千精壮勇士紧随于后，城内军民擂鼓击器，呐喊助威。燕军见火光中无数角上有刀、身后冒火的怪物直冲而来，惊惶失措。齐军勇士乘势冲杀，城内军民紧跟助战，燕军夺路逃命，互相践踏，骑劫在混乱中被杀。

田单率军乘胜追击，齐国民众也持械助战，很快将燕军逐出国境，尽复失地70余城。随后，他把齐襄王从莒城接回到国郡临淄。就这样，齐国在濒于灭亡的当口，又转危为安。

到这时候，燕惠王后悔莫及，当初不该听信谣言，解除乐毅的军权，可是已经晚了。

要说施行反间计，楚汉相争时的陈平颇为高明。

陈平年轻的时候，家里非常穷，可是他酷爱读书，尤其喜欢研习黄帝、老子的学说，探求治世之术，好学不辍。长大后，他的哥哥倾其所有让他到各地游学，增长见识。

陈平是有大志向的人，陈胜吴广在大泽乡起义以后，诸侯纷纷起兵。陈平一看机会来了，就告别了家乡，先后投奔了魏王魏咎和楚霸王项羽，都没有得到施展自己抱负的机会，于是，他投奔了刘邦。

陈平一见到刘邦就对他说："我是抱着建功立业的心来投奔您的，我今天就想把心中的抱负说给您听。"

刘邦见他口气不小，倒也像个人物，就跟他谈起来。不想，竟然越谈越投机，于是把他留了下来。

陈平不像韩信那样指挥千军万马、独当一面、平国展土，也不如萧何那样留守后方、转运委输、补充兵源。他和张良几乎一直跟随刘邦于左右，征战南北，得着刘邦的信任。靠的就是他的计谋，

这其中的反间计也很令人叫绝。

公元前204年，楚霸王项羽截断了汉军的粮道，把刘邦围困在荥阳，刘邦既无粮草，又无救兵，处境极为困难。刘邦危在旦夕，向陈平问计。陈平说："项羽为人太过猜忌，手下的正直之人，也就范增、钟离昧几个人。如果大王您肯拿出重金来施行反间计，使楚国君臣不和，自相杀戮，我们再趁乱攻打，楚国必败。"刘邦对陈平的计谋深为赞许，拨出四万金交给陈平，由他支配。

陈平即刻派人到楚营，以重金贿赂将士，散布流言。一时间，楚营内部，流言四起。都说钟离昧、范增等人辅佐项羽，立下汗马功劳，却得不到厚报，他们正拟投奔汉王，加封晋爵。项羽本来就对谁都不信任，听到谣言，信以为真，把钟离昧等人当作贰臣，无形中削弱了自己的力量。

与其说陈平的计策高明，不如说项羽"配合"得好，这个楚霸王实在是太小家子气了，听到一点谣言就沉不住气，赶紧派使者到汉营去打探虚实，这就落进了陈平的圈套。

陈平听说楚国使者来了，命人备下了丰盛的酒宴。楚使者一到，陈平立刻迎接，一看是楚使，假装一惊，说："我以为是亚父的使者，原来是项王的使者！"说完，命人撤去盛宴，换上了粗劣的食物招待楚使。

楚使回到项王营，把一切向项羽禀报，项羽果然怀疑范增，范增极力主张急攻荥阳，项羽就是不肯听。亚父范增愤怒地离开项羽，还没走到彭城，一股急火攻心，背部恶疮发作而死。项羽这才发现中计了，悔之晚矣！

范增被气死了，项羽的攻势不减，韩信的援军不能及时到达，刘邦的处境依旧危险，陈平继续施展他的奇谋。某一个夜晚，陈平组织了两千多个女子，趁着月色从荥阳的东门出城，项羽的大军以为是刘邦突围，赶紧从四面包围过来，陈平趁机保护着刘邦从西门跑了。

在这场著名的楚汉战争中，陈平用反间之计成功地离间了楚国君臣关系，致项羽骨鲠之臣范增遭谗忧愤而死，钟离昧不得重用，去掉了项羽的左膀右臂，为消灭楚国，建立汉朝立下汗马功劳。不久，刘邦就战胜项羽，最终坐上了皇帝的宝座。

"反间计"就是巧妙地利用敌人的间谍反过来为我所用。当我们发现有间谍的情况下，不妨将计就计为我所用。现代战争中，反间计的运用也不绝于书。

1943年6月16日，一架英制的威斯特兰的莱桑德单翼侦察机关上了发动机，在月色中像一只大鸟一样无声地滑翔，最后降落在法国卢瓦尔河谷中的草地上。这是第二次世界大战中英国情报部门第36次使用这种飞机，向被纳粹德国占领下的法国运送特工人员了。

从飞机上走下一个女人，名字叫诺尔·艾娜亚特·卡恩，她可能是英国特别行动处用这种方式送到法国的102人中最迷人的一位女性了。她曾经过特别行动处严格的挑选，并在专门的间谍学校受到过严格的训练。这是她第一次被派到纳粹统治下的法国，开始执行她的情报使命。

诺尔·艾娜亚特·卡恩，化名马德琳。她是一个漂亮娇小的姑娘。清秀而略带腼腆的脸上长着一双黑色的大眼睛，长长的黑色卷发披散在肩头。她是18世纪的曼索尔苏丹·蒂帕·萨希的后裔，她的父亲曾是泛神秘主义苏菲派的领袖，这是伊斯兰教中一个十分秘密的教派。她的母亲却是个美国人，而她本人则出生在莫斯科，因为当时她父亲正在那里传授伊斯兰教苏菲派的教义。

她整个身世如此复杂又带着传奇色彩。就连那些通俗小说中虚构的主人公的故事也未必能比她的经历与身世更浪漫。诺尔的一生大部分都是在法国度过的，直到1940年，为躲避纳粹的残暴统治，她与她的母亲和弟弟一起逃亡到英国。因此，她会流利地使用英、法两种语言。到达英国后，她自愿申请参加了皇家空军妇女辅助队，并接受过无线电报务的训练。直至1943年2月，被调至特别行动处接受训练。3个月的短暂训练结束，诺尔以优异的成绩结业。唯一的缺点就是保护自我的安全观念极差。当时主持训练的负责人弗兰克·斯普纳上校曾向上级报告说，诺尔在安全方面不行，她容易感情用事，情绪较为偏激而冲动，因此不适于做外派特工。并提议，不应把她派到法国去执行秘密工作。所以，在训练结束后对诺尔的鉴定中就明确出现了："工作努力，也很敏锐，但有时忽视安全课程。性格不稳定，容易冲动，是否适于做派遣工作值得考虑。"

但是，特别行动处法国科的负责人莫里斯·巴克马斯特少校却不同意鉴定的结论和弗兰克·斯普纳上校的建议，坚持将诺尔派往法国。于是，化名为马德琳的诺尔开始了她悲剧式的情报工作。

从踏上卢瓦尔河谷的草地不久，诺尔就在法国地下抵抗组织的接应下，顺利地进入了巴黎。然而，没多久，她在巴黎的工作伙伴就几次责备她缺乏应有的安全观念和保密意识：她装有密码本的皮包被遗忘在她拜访过的一间客厅的沙发中；也曾公然在大街上毫不在意地将一份秘密情报交给联络员；她的房东太太也曾在厨房的餐桌上发现过她使用的密码本；最严重的违反特工安全规则的是她还经常随身携带一个笔记本，本子上面记有她所有发往伦敦的电报文稿。

纳粹德国的盖世太保当时已经在巴黎逮捕了几名特别行动处派来的间谍，并利用他们缴获的电台向英国发送假情报，同时套取有用的情报。与此同时，盖世太保截获了诺尔一周三次向伦敦的发报。然后，他们便设计、使用了一个名字叫伯特兰的英国特工的电台，向伦敦发报，要求伦敦指示让马德琳在巴黎与伯特兰接头。此后又派出一名曾在美国航运公司工作过，并讲一口流利的美式英语的盖世太保假冒伯特兰，先后在巴黎的一处咖啡馆中与诺尔接了几次头。接头过程中，疏忽大意的诺尔无意泄露出的情况，又使纳粹的盖世太保得以顺利地打入一个由法国企业家们组成的地下抵抗组织。

1943年10月13日，诺尔在巴黎被盖世太保逮捕。在逮捕她的同时，德国人同时查获了她使用的发报机和那个记有所有电报内容的本子。记录本内的电文稿和密码帮助盖世太保破译了诺尔的密码，并发现了她使用的警报暗号。据此，盖世太保又可以顺利地操纵诺尔的电台，向伦敦发送假情报了。

盖世太保们通过对诺尔电台的逆用，成功地发现、并破坏了在圣库通和里尔区的两个地下组织，逮捕了7名特别行动处的间谍。其中包括英国特别行动处最有经验的派遣官员弗朗斯·安泰尔姆少校。诺尔的轻率和大意不仅给特别行动处带来了巨大的损失，也给自己套上了绞索。1944年9月，诺尔在臭名昭著的达豪集中营被处决。尽管作为一名特工人员，诺尔的表现不尽如人意，但是她仍不失为一名勇敢而坚强的反法西斯战士。战后，英国政府仍然追赠她乔治十字勋章和普通十字勋章。

这是德国特工利用这位女间谍的大意而进行的一次成功的反间谍行动。间谍本来应是无时无刻不谨慎小心的，而诺尔却犯了这一大忌，从而落入了盖世太保的手中。

智慧品读

"反间计"是指在疑阵中再布疑阵，使敌内部自生矛盾，我方趁机获得意外收获。说得更通俗一些，就是巧妙地利用敌人的间谍反过来为我所用。采用反间计的关键是"以假乱真"，造假要造得巧妙，造得逼真，才能使敌人上当受骗，信以为真，做出错误的判断，采取错误的行动。

04 第三十四计　苦肉计

原文

人不自害，受害必真。假真真假，间以得行。童蒙之吉，顺以巽也。

按：间者，使敌人相疑也；反间者，因敌人之疑，而实其疑也。苦肉计者，盖假作自间以间人也。凡遣与己有隙者以诱敌人，约为响应，或约为共力者，皆苦肉计之类也。

释义

人不会故意自己残害自己，受到残害必然是真情；我方把自我伤害伪装得像真的遭受了别人残害一样，敌人就会把这种假象当作真相，那么离间敌人的计谋就可以实行了。正如《周易·蒙卦》所说的：幼弱蒙昧的人，只要依顺着他蒙昧无知的天性，他就会非常乖顺服从。

按语：离间，就是使敌人内部互相猜忌。反间，就是利用敌人内部彼此疑忌的矛盾，使他们的猜忌得到证实。苦肉计，就是用自己受到残害的假象离间敌人。凡是派遣跟自己有矛盾有裂隙的人引诱迷惑敌人，要么约定里应外合，要么约定共同致力于某事，都是所谓苦肉计一类的计策。

传世典故

三国时期，周瑜打黄盖，是一个众所周知的苦肉计的典范。

公元208年，曹操率80万大军南下，企图一举消灭刘备、孙权两大对手。曹军南下，气势汹汹，一些江东将士惧怕曹操，以张昭为首的一些人极力主张投降，只有鲁肃一人主张抵抗。诸葛亮来到柴桑，面见孙权。陈述利害，力主联合抗击曹操。

这时，大将周瑜从前线赶回，力主抵抗，得到孙权的支持。

孙权与刘备的联军与曹操的军队在赤壁相遇。

当时曹操的部队中已发生疾疫。两军初次交战，曹军失利，退到长江北岸。周瑜等驻军在长江南岸，周瑜部将黄盖说："如今敌众我寡，难以长期相持。曹军把战船连在一起，首尾相接，我们正可以用火攻的方法打败他们。"

周瑜接受黄盖的意见，可是怎样火攻曹操呢？两人还实施了一出苦肉计。黄盖故意当着众将的面说周瑜打曹操的计策不可行，惹得周瑜大怒，将黄盖打得皮开肉绽，鲜血直流，众将苦苦相求，这才免了黄盖一死。这出戏演得跟真的似的，几乎瞒过了所有的文武官员，只有诸葛亮看在眼里，知道这一场大战胜负已定了。

黄盖暗中派人送信给曹操，说要脱离东吴，投降曹操。曹操以为东吴害怕了，就信以为真。当时东南风正急，黄盖将十艘战船排在最前面，船上装上干荻和枯柴，在里边浇上油，外面裹上帷幕，上边插上旌旗，预先备好快艇，系在船尾。到江心时升起船帆，其余的船在后依次前进。曹操军中的官兵都走出营来站着观看，指着船，说黄盖来投降了。

　　离曹军还有二里多远，那十艘船同时点火，火烈风猛，船像箭一样向前飞驶。曹军的战船连在一起，无法分开。大火借着风势蔓延开来，曹营水寨化成了一片火海，顷刻间全部烧光。曹军人马烧死和淹死的不计其数。周瑜等率领轻装的精锐战士紧随在后，鼓声震天，奋勇向前，曹军大败。

曹操率军从华容道徒步撤退，道路泥泞，天又刮起大风。曹操让所有老弱残兵背草铺在路上，骑兵才勉强通过。老弱残兵被人马踩踏，陷在泥中，又死了很多。刘备、周瑜水陆并进，追赶曹操直到南郡。这时，曹军又饿又病，死者过半。曹操就留下征南将军曹仁、横野将军徐晃镇守江陵，折冲将军乐进镇守襄阳，自己率军返回北方。

赤壁大战是历史上以少胜多的著名战例，自此以后，曹操无力南进，三国鼎立的基础由此奠定。

南宋初年，金国四太子兀术率兵南侵，南宋派大将岳飞领兵抵挡，两军在朱仙镇（在今河南开封西南）会战。兀术有位义子叫陆文龙，这年16岁，英勇过人，是岳家军的劲敌。陆文龙本是宋朝潞安州节度使陆登的儿子，金兀术攻陷潞安州，陆登夫妻双双殉国。金兀术将还是婴儿的陆文龙和奶娘掳至金营，收为义子。陆文龙对自己的家世完全不知。

岳飞几次出兵，都被陆文龙打败，只好挂出免战牌，思谋新计。

岳飞军中有位部将叫王佐，原是杨幺部下，自从来到岳飞营中，一直没什么建树。这天晚上，他突然来到岳飞帐中，说有破敌之策。岳飞大喜，忙问他计将安出。王佐说："那陆文龙本是我们大宋潞安州节度使陆登的儿子。潞安州失陷，兀术杀了陆登夫妇，而把在襁褓中的陆文龙和乳娘带到北番养大。在下愿去番营说服陆文龙来降。"岳飞当然高兴，但转念一想，王佐怎能打入番营呢？王佐说："这个在下早已有计了。"说罢，抽出剑来，一挥便砍下自己的右臂，霎时鲜血喷涌而出。岳飞赶忙来制止，王佐已倒在血泊中。岳飞忙让军医来包扎护理。王佐醒来，如此这般说了一番打入金营的办法，把岳飞感动得热泪盈眶。

第二天夜晚，王佐瞅个空子来到金营。巡逻兵带他来见兀术，王佐痛哭流涕，对金兀术说道："小臣王佐，本是杨幺的部下，官封车胜侯。杨幺失败我只得归顺岳飞。昨夜帐中议事，小臣进言，金兵二百万，实难抵挡，不如议和。岳飞听了大怒，命人斩断我的右臂，并命我到金营通报，说岳家军即日要来生擒狼主，踏平金营。臣要是不来，他要斩断我的另一只臂。因此，我只得哀求狼主。"

这兀术也是个性情中人，王佐这么一说，他也动起情来。金兀术同情他，叫他"苦人儿"，把他留在营中。见王佐已不能出阵打仗，权当顾问，需要了解宋营将士情况便找他来问。

王佐本是儒将，饱读诗书，历史故事烂熟。金营诸将最爱打听中原历史，所以不时有人来召王佐去饮酒闲扯。

一日，王佐饮酒闲扯后回自己帐篷，路过一处，见一老年妇人中原打扮，在帐外晒衣服。王佐看左右没人注意，便上前搭话，果然是陆文龙乳母。乳母把他请入帐中，询问宋国情形，表示不忘故国之情。王佐趁机问她日后有什么打算。妇人见是中原人，也不避讳，表示出南归之意。王佐亮出身份，两个定下游说陆文龙之计。

此后，王佐在乳娘安排下，常去陆文龙营中为陆文龙讲故事。一天，王佐带去一幅画，说要为陆文龙讲个精彩故事。陆文龙刚刚16岁，孩子气未褪，听说要给他讲故事，自然十分高兴。讲故事前，王佐先让他看看那幅图画。陆文龙展开画，见上面画着一座官衙大堂，一位番将坐在堂上，堂前躺着一位宋将和一位妇人，皆已身首异处。旁边站着一位妇人在抹眼泪，怀里还抱着个孩子。陆文龙百看不解，请王佐从头讲来。

于是，王佐讲述了金兀术入侵潞安州，杀死节度使陆登夫妇，抢走陆家公子陆文龙的故事。陆文龙一听，忙问："那小孩怎么与我重名？"王佐说："那小孩就是你，怎么是与你重名？不信，可问你乳娘，画上那位抱小孩的妇人，就是你的乳娘。"陆文龙将信将疑，乳娘从帐后哭着出来讲述了当时的经过。

陆文龙听罢，悲恨交加，恨只恨兀术杀死父母，悲的是自己全然不晓，认贼作父，父母之仇未报，当即就要同金兀术决一生死。

王佐指点他不可造次，要伺机行动。陆文龙忍住悲痛，金兵此时运来一批轰天大炮，准备深夜轰炸岳家军营，幸亏陆文龙用箭书报了信，使岳军免受损失。当晚，陆文龙、王佐、乳娘投奔宋营。

王佐断臂，以一出苦肉计，终于使猛将陆文龙脱离金兀术，回到宋朝，立下了不少战功。为人臣属者，须有一种精诚报上，不惜牺牲自我的精神。杀身成仁，舍生取义，正是中国古代士人崇尚的精神。

苦肉计，不仅用于战争之中，还广泛地见于社会生活的各个领域。在现代经商活动中，经营者利用"苦肉计"，对自己不合格产品集中进行销毁，用以引起广大群众的注意，树立自己企业的良好形象，为下一步盈利埋下伏笔。

一些体育运动的赞助公司虽然是花了一些钱，却能在广大消费者中"买"到名誉，对公司的经营会起到良好的效果。1984年4月，健力宝公司的产品健力宝饮料刚刚试制成功，还谈不上厂房设备。

总经理李经纬听说亚洲足联要在广州白天鹅宾馆举行会议，便借用饮料研制单位的易拉罐生产线灌注了一百箱健力宝饮料，赶到亚足联会议上亮相，请代表们品尝。紧接着，第23届奥运会在美国洛杉矶举行，李经纬又把一批罐装健力宝运往美国。中国运动员饮用后，效果非常好。伴随着15块金牌的到手，健力宝也成了各国新闻记者的宣传对象。日本《东京新闻》报道说："……在中国队加快出击的背后，有一种'魔水'在起作用，运动员饮后，精力就马上充沛了，这是一种新型饮料。"从此，"中国魔水"成了健力宝的美称，声名鹊起。

1985年，正当辉煌的中国女排饮健力宝后，反应甚佳，消息传开，乒乓球、举重、跳水等12支运动队也强烈要求饮健力宝。国家体委训练局与李经纬洽商，能否长期免费提供饮料。当时，健力宝厂刚投产，全年销售额还不到100万元，免费供应饮料，意味着每年增加24万元的开支，弄不好工厂还会破产。李经纬想，24万，对工厂是笔不小的开支。可是代表国家实力的12支运动队都饮用健力宝，在国内外征战中能产生多么巨大的宣传效应。这个刚刚问世的饮料产品，不出几个月，国内外前来签订货合同者大增，健力宝厂得到的利润远远超过24万元，而且还使工厂的管理者们懂得了花钱买名就是"买"财，宣传效应能够转化为经济效益的道理。

花钱买名，关键是要确定在哪些方面花钱，才能买到名。另外，还要舍得花钱，花钱买到了名，也就是买到了财。健力宝饮料的成功之路，也许让我们领悟了其中的一些道理。

智慧品读 ·--·

　　"苦肉计"是指故意伤害自己，以让敌人相信，使反间计得以成功的策略。一般用自我伤害的办法取信于敌，达到进行间谍活动的计谋。巧妙利用"人们不会自己伤害自己"的思维定势，造成受迫害的假象，以迷惑和欺骗敌人，或打入敌人内部，对敌人进行分化瓦解。用苦肉计，必须做好内应，要协同作战，才能取得预期的效果。

05 第三十五计　连环计

原文

将多兵众，不可以敌，使其自累，以杀其势。在师中吉，承天宠也。

按：庞统使曹操战舰勾连，而后纵火焚之，使不得脱，则连环计者。其法在使敌自累，而后图之。盖一计累敌，一计攻敌，两计扣用，以摧强势也。

释义

敌方将领众多兵力强大，不能靠武力跟他抵抗拼杀，而应当施计让他自己拖累自己，借以削弱他的势力。《周易·师卦》就说了这样的道理："主帅指挥巧妙得当，敌人为我方牵制着，我方好像得到了上天的恩宠协助一样。"

按语：三国时蜀汉的谋士庞统诈降曹魏，他怂恿曹操用铁索把战舰连为一体，然后放火攻焚，曹军船连着船，彼此相累不能逃脱。这就是连环计的妙用。目的在于使其互相拖累彼此钳制，然后再设法消灭他。也就是说，用一个计策牵制住敌人，再来一计攻伐敌人，前后两计相辅相成，连贯周密，就能够摧垮强大的敌人。

传世典故

战国中期以后，秦国通过商鞅变法迅速强大起来，对山东诸国形成威胁。齐国在桂陵、马陵之战以后，迅速崛起，成为东方强国。这样就形成了东、西两大强国对峙的局面。其他五个诸侯国的地位岌岌可危。在这样的形势下，就出现了"合纵"与"连横"的策略与实践。

所谓"合纵"就是"合众弱以攻一强"，目的是阻止强国的兼并。从地域上看，当时的弱国以三晋即韩、赵、魏为主，北连燕，南连楚，称为纵，彼此联合，既可以对秦，也可以对齐。"连横"呢，就是"事一强以攻众弱"，从地域上看，就是五个弱国东连齐，或者西连秦，服从强国去兼并弱国。所以，"连横"是一种强国兼并弱国的策略。

各国在这种形势下，形成了复杂多变的"合纵""连横"格局。各国的国君都把外交关系看得非常重要。时势造英雄，张仪、苏秦等人就是这个时候出现在战国的政治舞台上，对列国兼并战争形势的变化产生了较大的影响。

张仪本是魏国人，还是贵族的后裔，可是到他这一辈的时候，早就穷困潦倒了。但张仪才华出众，曾投身著名的谋略大家鬼谷子门下，学习纵横之术。学成之后，就回到魏国。他求见魏惠王，献以强国之术，魏惠王没理他；他又求见楚威王，楚威王也没接见他，他只好投在楚国令尹昭阳门下做客卿。有一次，张仪和门客们陪楚相喝酒，大家喝得挺高兴，楚相却突然说自己身上带的一块玉璧不见了。张仪穷，人们就把怀疑的目光投向了张仪，说他既穷又没有德行，一定是他偷了玉璧，于是，就把张仪捆了起来，一顿打。张仪被打得皮开肉绽，鲜血直流。张仪始终就是不承认，最后没办法，就把张仪给放了。

张仪垂头丧气地回到家里，妻子看着张仪满身伤痕，心疼地说："你要是不读书，不出去谋官做，哪会受这样的委屈！"

张仪张开嘴，问妻子说："我的舌头还在吗？"

妻子说："舌头当然还长着。"

张仪说："只要舌头在，就足够了。"

张仪相信，凭着自己对六国形势的洞察和自己那三寸不烂之舌，总有一天会出将入相，成就名望。

公元前338年，45岁的秦孝公死了。第二年，秦惠文君即位。秦惠文君一上台，就把商鞅给杀了，但秦国的国势蒸蒸日上，他雄心勃勃，积极推行扩张兼并政策。

公元前329年，张仪只身入秦。他在秦国找到了施展自己才能的政治舞台。

他向秦惠文君献上了"连横"之策，中心是破坏其他六国的联合，然后各个击破，实现秦的霸主地位。张仪的计划正中秦惠文君的下怀，他立即封张仪为客卿，并给了他一个展现自己能力的机会。

公元前328年，张仪和公子华受命攻打魏国的蒲阳，降服了魏国。他又劝说秦惠文君把蒲阳还给魏国。然后，他亲自到魏国，对魏王说："秦国对魏国是多么宽厚，魏国理应予以回报啊！"魏国便把上郡和少梁割让给秦国了。这样一来，既拉拢了魏国，又削弱了魏国。秦惠文君一看，张仪果然有才华，就任命张仪为相。

公元前325年，张仪拥戴秦惠文君为王。在秦国历史上，秦惠文君是第一个王，张仪是第一个相。

公元前323年，张仪从秦入魏，主要是为了游说魏国依附于秦，实现他的"连横"策略。张仪曾一度取代惠施任魏相。他力劝魏王投靠秦国，他在魏国呆了四年，魏襄侯不同意事秦，魏襄侯死后，即位的魏哀王也不愿意事秦。张仪便在暗中要求秦王攻打魏国，让魏国尝尝秦国的苦头。

然后，张仪就耐心规劝。他说："魏国地势平坦，没有高山大川做屏蔽，很容易被攻破。而且魏国处在楚国、赵国、齐国、韩国四国之中，如果魏国不依附于秦国，那么秦国一旦攻打哪个国家，魏国就要遭殃，而且被攻打的国家会因为惧怕秦国而依附于秦国，魏国灭亡的日子也就快到了。"对于合纵抗秦的盟约，张仪形象地打了一个比喻，他说："即使同一父母所生的兄弟，还有不和的时候，更何况六国各怀心事，是极不可靠的。"

张仪又拉又打，魏王终于被说服，决定投靠秦国。这样，魏国成为"连横"策略的第一个国家。

公元前319年，张仪从魏国返回秦国，再次出任国相。

这时候，六国正在组织"合纵"。公元前318年，楚、赵、魏、韩、燕五国组成一支联军，攻打秦国的函谷关。五国之间内部矛盾重重，不肯齐心协力，经不起秦军的反击，五国联军很快失败。

公元前313年，秦惠王准备进攻齐国。当时在六国之中，齐、楚两国是大国。秦惠王担心，如果这两个大国结成联盟，秦军就很难取得胜利。张仪自告奋勇，出使楚国，设法破坏齐楚联盟。

张仪对楚一直有私怨。他从来都没有忘记早年在楚国受辱的事。他在登上秦相之位时，就给那个曾经鞭笞他的楚相发了一封信。信上说："当时我参加你的宴会，你诬陷我偷了你的玉璧，鞭笞我。以后，你要好生守护楚国的土地，有一天我会夺取楚国的城池。"现在，机会来了，张仪要实施报复。

这一年，秦惠王假意免除了张仪的相位。张仪由秦入楚，他先拿贵重的礼物送给楚怀王手下的宠臣靳尚，求见楚怀王。

楚怀王听到张仪的名声很大，认真地接待他，并且向张仪请教。

张仪说："秦国最恨的是齐国，要是大王下决心跟齐国断交，秦王不但情愿跟贵国永远交好，还愿意把商于（今河南淅川县西南）一带六百里的土地献给贵国。这样一来，既削弱了齐国的势力，又得了秦国的信任，岂不是两全其美。"

楚怀王是个糊涂虫，经张仪这么一说，就高兴地说："秦国要是真能这么办，我何必非要拉着齐国不撒手呢？"

楚国的大臣们听说有这样便宜的事儿，都向楚怀王庆贺。只有陈轸极力反对。他对怀王说："秦国为什么要把商于六百里地送给大王呢？还不是因为大王跟齐国订了盟约吗？楚国有了齐国作自己的盟国，秦国才不敢来欺负咱们。要是大王跟齐国绝交，秦国也会来欺负楚国。张仪的话不可信。"

楚怀王就是不听，陈轸就劝告楚怀王："大王如果希望得到土地，不如派人跟随张仪到秦国去，等秦国人把土地交给我们了，再与齐国断绝关系也不迟。"

楚怀王不高兴地说："陈先生闭上你的嘴巴吧，不要再说这件事了，就等着我得到土地吧！"

楚怀王把相印授给了张仪，对他重重赏赐，随后宣布跟齐国绝交，派人跟着张仪到秦国去接收商于。

齐宣王听说楚国同齐国绝交，马上打发使臣去见秦惠王，约他一同进攻楚国。

楚国的使者到咸阳去接收商于，想不到张仪假装生病，三个月不出门。听说齐、楚正式断交了，才出来接见楚国使臣，谁知他竟耍起了无赖，说："没有这回事，大概是你们大王听错了吧。秦国的土地哪儿能轻易送人呢？我说的是六里，不是六百里，而且是我自己的封地，不是秦国的土地。"

楚国使臣受辱，极为愤怒，立即驾车回国。

楚怀王听到报告，如梦初醒，知道上了张仪的大当了。火暴脾气的楚怀王立即发兵十万人攻打秦国。秦惠王也发兵十万人迎战，同时还约了齐国助战。楚国一败涂地。十万人马被杀死了八万，七十多个将领被俘虏。不但商于六百里地没到手，连楚国汉中六百里的土地也给秦国夺了去。

楚怀王怒不可遏，将楚国全部军队集中起来向秦国发动进攻，秦国也调集大军迎战。两国在蓝田进行了一场殊死搏斗，楚国军队再次吃了败仗。楚怀王只好忍气吞声地向秦国求和，楚国从此大伤元气。

公元前311年，秦国要联楚攻齐，对楚怀王说："秦国愿以商于之地换取大王的黔中之地。"楚怀王一听"商于之地"，气愤地说："不愿得商于之地，只要得到张仪，就把黔中之地送给秦国。"

秦惠王想得到黔中之地，但又不好开口让张仪去楚国。张仪知道了，就对秦王说："以我一人，能让秦国得到黔中之地，是值得的。"

张仪很快就到了楚国。楚怀王立即把他关了起来，恨不能立刻杀了他。

可是，张仪来楚是有准备的，他再次贿赂了楚怀王的宠臣靳尚。靳尚就对怀王的宠妃郑袖说："大王要杀张仪了。我听说秦王很宠信张仪，他打算用六百里地来贿赂大王，还要把秦国的美女嫁给大王，要让宫中最擅歌舞的女子做陪嫁。这样一来，秦女必受宠，而夫人就会受贬斥了。不如替张仪求个情，把他放了。"郑袖听了，就担心了。她流着泪对怀王说："杀了张仪必然得罪秦国，请求大王让我们母子迁到江南去，以免被秦军所害。"

楚怀王不长记性，听信女人之言，就放了张仪，对他还像以前一样好。

张仪便留在怀王宫里，从容地讲起他的"连横"术。他说："秦国真是了不得啊，拥有天下土地的一半，将士百万，兵车千辆，粮食如山，法令严明，天下归心。虽然有'合纵'之人想抗秦，但那就像羊群攻猛虎，大王不亲猛虎而亲羊群，这可不对呀！"又说："如今天下只有秦、楚两个强国，大王不与秦国联合，一旦秦王攻打别的国家，楚国也危险了。秦、楚本来就是近邻，我请秦王派太子来楚国做人质，您派太子到秦国做人质，两国就相安无事了。"楚怀王听着，觉得有道理，不住地点头，这时，张仪又引诱怀王："秦王想把女儿嫁给大王，还带着一万户的都邑，两国永久地结为兄弟之国。"怀王答应了张仪。

张仪说完这些话，就赶紧回了楚国。秦惠王给张仪五个邑做封地，封为武信侯。

刚刚出使齐国归来的三闾大夫屈原听说放走了张仪，急急地进宫阻止，但已经晚了。

张仪用欺骗手段收服了楚国，又去了韩国。他对韩王说："如今，秦国实力远在六国之上，如果韩国凭借在地理上的有利条件帮助秦国攻打楚国，秦国将给予韩国土地，并且韩国还能免于被强国进攻的危险。"韩王再三考虑，终于屈服。

张仪又马不停蹄地来到齐国。他威胁齐王说："现在，秦、楚两国已结为兄弟之国，韩、魏、赵已侍奉秦国了，这几个国家又都与齐国接壤，如果大王您不去侍奉秦国，秦国就会联合这些国家进攻齐国，到那时，齐国想侍奉秦国，恐怕秦国都不接受了。"齐王吓得赶紧答应了。

张仪又到了赵国、燕国，用软硬兼施的手段迫使他们依附秦国。六国"合纵"联盟终于被张仪拆散了。张仪的"连横"政策对秦的强大和日后秦统一中国起了积极的作用。

之后，张仪回到了秦国。这时，秦惠王已经死了，秦武王继位。秦武王在做太子的时候，对张仪就没什么好感，身边的大臣又在武王面前说张仪的坏话。各国也都憎恨张仪的为人，齐国还扬言要杀了张仪。张仪在秦国失势，连性命都不保了。但张仪毕竟不是等闲之辈，大难临头，他还是为自己安排了一个比较稳妥的后路。他对武王说："齐国那么恨我，我逃到哪个国家，齐国必会去攻打哪个国家。大王可以现在就把我派到魏国去，那样，齐必攻魏。大王就趁机攻打韩国，逼近周都，挟持天子，霸业可成。"

秦武王就送了张仪一个人情，把张仪送到了魏国。

张仪一到魏国，齐国立即出兵攻魏。魏王吓坏了，张仪说："大王不必忧虑，我自有妙计让齐撤兵。"他派自己的门客去楚国，借楚国的使臣到齐国去。楚国使臣到齐国后，对齐王说："齐王攻打魏国会使秦更加信任张仪。"于是，把张仪对秦王说的话告诉了齐王。齐王说："张仪果然机关算尽啊。"于是收兵。

张仪在魏国，还是担任国相。一年后，即公元前310年，张仪死在魏国。

张仪一生为秦国的强大而奔走，最后还是死在了自己的故国。

张仪的一生可谓由计谋贯穿起来的一生，这一串串的连环计，使得秦国在大国的交往中处于有利的地位，为秦国的统一做出了贡献。

前秦苻坚是十六国时期诸少数民族政权中一位有作为的君主，他选贤任能，能征善战，兼并群雄，统一北方。为实现全国的统一，东晋太元八年（383），苻坚对东晋宣战。

太元七年（382），苻坚谋议伐晋，立即遭到以丞相苻融（苻坚之弟）为首的朝廷大臣、妃子、太子，乃至高僧释道安等人的一致反对。但苻坚一意孤行，他声称"以吾之众旅，投鞭于江，足断其流"，骄狂之态，溢于言表。

太元八年（383），苻坚下诏伐晋，在政权所及范围内征兵调粮，并做如下部署：命丞相、征南大将军苻融督统步骑25万为前锋，直趋寿阳（今安徽寿县）；命幽州、冀州所征兵员向彭城（今江苏徐州）集结；命姚苌督梁、益之师，顺江而下；苻坚亲率主力大军由长安出发，经项城（今河南沈丘）趋寿阳。几路大军，合计约百余万人，"东西万里，水陆并进"，大有席卷江南，一举扫平东晋之势。

面对前秦军队的攻势，东晋也做了下列防御部署：丞相谢安居中调度；桓冲都督长江中游巴东、江陵等地武装力量，控扼上游；谢石为征讨大都督，谢玄为前锋都督，率北府兵八万赴淮南迎击前秦军主力。秋季，苻融的前锋军也进抵颍口（今安徽正阳关），其他两路前秦军正在进军途中，中路进展甚快，两翼行动迟缓，前秦的优势兵力，已呈分散之形。

谢安派出的将领胡彬，率领水军沿着淮河向寿阳进发。在路上，他得知寿阳已经被前秦的前锋苻融攻破。胡彬只好退到硖石（今安徽凤台西南），扎下营来，等待与谢石、谢玄的大军会合。

苻融占领寿阳以后，又派部将梁成率领五万人马进攻洛涧（在今安徽淮南东），截断了胡彬水军的后路。晋军被围困起来，军粮一天天少下去，情况十分危急。

胡彬派出兵士偷偷送信给谢石告急，说："现在敌人来势很猛，我军粮食快用完，恐怕没法跟大军会合了。"

送信的晋兵偷越胶秦军阵地的时候，被前秦兵捉住。这封告急信落在苻融手里，苻融立刻派快马到项城去告诉苻坚。

此时，苻融前锋军包围了驻扎在硖石（今安徽寿县淮河北岸）的一部分晋军。苻坚得到秦军前锋的捷报，更加骄傲起来，亲率八千轻骑赴寿阳，恨不得一口气把晋军吞掉。他还派了一个使者到晋军大营去劝降。

那个派出的使者不是别人，恰恰是前几年在襄阳坚决抵抗过前秦军、后来被俘虏的朱序。朱序被俘以后，虽然被苻坚收用，在秦国当个尚书。但朱序心怀故国之情，到晋营见了谢石、谢玄，像见了亲人一样高兴，不但没按照苻坚的嘱咐劝降，反而向谢石提供了前秦军的情报。他说："这次苻坚发动了百万人马攻打晋国，如果全部人马一集中，恐怕晋军没法抵挡。现在趁他们人马还没到齐的时候，你们赶快发起进攻，打败他们的前锋，挫伤他们的士气，就可以击溃秦军了。"

朱序走了以后，谢石再三考虑，认为寿阳的秦军兵力很强，没有把握打胜，还是坚守为好。谢安的儿子谢琰劝说谢石听朱序的话，尽快出兵。

谢石、谢玄经过一番商议，就派北府兵的名将刘牢之率领精兵五千人，先对洛涧的秦军发起突然袭击。这支北府兵果然名不虚传，他们像插了翅的猛虎一样，强渡洛涧，个个勇猛非凡。守在洛涧的前秦军，不是北府兵的对手，勉强抵挡一阵，败了下来，秦将梁成被晋军杀了。秦兵争先恐后渡过淮河逃走，大部分掉在水里淹死。

接着，谢石、谢玄一面命令刘牢之继续援救硖石，一面亲自指挥大军，乘胜前进，直到淝水（今淝河，在安徽寿县南）东岸，把人马驻扎在八公山边，和驻扎寿阳的前秦军隔岸对峙。

此时，苻坚登寿阳城头，望见晋军布阵严整，见城外八公山上，于秋风中起伏的草木，以为是东晋之伏兵，始有惧色。他转过头对苻融说："这确实是强大的敌人啊！怎么能说他们弱呢？"

打那以后，苻坚命令前秦兵严密防守。晋军没能渡过淝水，谢石、谢玄十分着急。如果拖延下去，只怕各路前秦军赶到，对晋军不利。

谢玄派人给苻坚送去一封信，说："你们带了大军深入晋国的阵地，现在却在淝水边摆下阵势，按兵不动，这难道是想打仗的吗？如果你们能把阵地稍稍往后撤一点，腾出一块地方，让我军渡过淝水，双方就在战场上比一比输赢。这才算有胆量呢！"

苻坚一想，要是不答应后撤，不是承认我们害怕晋军吗？他马上召集前秦军将领，说："他们要我们让出一块阵地，我们就撤吧。等他们正在渡河的时候，我们派骑兵冲上去，保管能把他们消灭。"

谢石、谢玄得到苻坚答应后撤的回音，迅速整顿好人马，准备渡河进攻。

约定渡河的时刻到来了，苻坚一声令下，苻融就指挥秦军后撤。他们本来想撤出一个阵地就回过头来总攻。没料到许多前秦兵一半由于厌恶战争，一半由于害怕晋军，一听到后撤的命令，撒腿就跑，再也不想停下来了。

谢玄率领8000多骑兵，趁势飞快渡过淝水，向秦军猛攻。

这时候，朱序在秦军阵后叫喊起来："秦兵败了！秦兵败了！"后面的兵士不知道前面的情况，只看到前面的前秦军往后奔跑，也转过身跟着边叫嚷，边逃跑。

苻融气急败坏地挥舞着剑，想压住阵脚，但前秦兵像潮水般地往后涌来，哪里压得住。一群乱兵冲来，把苻融的战马冲倒了。

苻融挣扎着想起来，晋兵已经从后面赶上来，把他一刀砍了。主将一死，前秦兵更是像脱了缰绳的惊马一样，四处乱奔。

阵后的苻坚看到情况不妙，只好骑上一匹马拼命逃走。不料一支流箭飞来，正好射中他的肩膀。苻坚顾不得疼痛，继续催马狂奔，一直逃到淮北才喘了口气儿。

晋军乘胜追击，前秦兵没命地溃逃，被挤倒的、踩死的兵士，满山遍野都是。那些逃脱的兵士，一路上听到风声和空中的鹤鸣声（这就是成语"风声鹤唳"的由来），也当作东晋追兵的喊杀声，吓得不敢停下来。

谢石、谢玄收复了寿阳，派飞马往建康送捷报。

这一天，谢安正跟一个客人在家里下棋。他看完了谢石送来的捷报，不露声色，随手把捷报放在床上，照样下棋。

客人知道是前方送来的战报，忍不住问谢安说："战事情况怎么样？"

谢安慢吞吞地说："孩子们到底把秦人打败了。"

　　客人听了，高兴得不想再下棋，想赶快把这个好消息告诉别人，就告别走了。

　　谢安送走客人，回到内宅去，他的兴奋心情再也按捺不住，跨过门槛的时候，踉踉跄跄的，把脚上的木屐的齿也碰断了。

　　经过这场大战，强大的前秦大伤元气。苻坚逃到洛阳，收拾残兵败将，只剩下十几万。但是慕容垂的兵力却丝毫没受到损失。不出王猛所料，鲜卑族的慕容垂和羌族的姚苌最后背叛了前秦，各自建立了新的国家——后燕和后秦，苻坚本人也被姚苌杀了。

　　淝水之战，东晋以八万北府兵一举战胜号称百万大军的前秦，从根本上说，这主要决定于军心、民心的向背。双方的战争谋略，及临阵指挥上的优劣，也是胜败的重要原因。苻坚狂妄轻敌，刚愎自用，在内外条件不具备的情况下，倾全国之力，孤注一掷；在临战指挥上，犹豫狐疑。当大军进驻寿阳后，迟迟不进兵，把希望寄托在晋军的投降上；待晋军反击后，锐气顿减，以致淝水之战前，全军上下就有惧敌心理，交战中一退而不可收拾。而晋军却抓住战机，一再使用连环计，最终掌握战争的主动权而一战成功。

智慧品读

"连环计"一般是指多计并用，计计相连，环环相扣，任何强敌，无攻不破。此计的关键是要使敌人互相钳制，给围歼敌人创造良好的条件。战场形势复杂多变，对敌作战时，使用计谋，是每个优秀指挥员的本领。而双方指挥员都是有经验的老手，只用一计，往往容易被对方识破。而一计套一计，计计连环，往往收到奇效。

06 第三十六计　走为上

原文

全师避敌，左次无咎，未失常也。

按：敌势全胜，我不能战，则必降、必和、必走。降则全败，和则半败，走则未败。未败者，胜之转机也。

释义

全师退却，避开强敌。这就像《周易·师卦》所说的，用退却的办法避开危险没有过错，并且这也不违背用兵的常规。

按语：敌方具有大获全胜的实力和凌人态势，我方不具备抵御强敌的战斗能力，那么出路只有三种：投降、媾和、退却。投降，是完全彻底的失败；媾和，是半个失败；退却，是不胜不败。所谓不胜不败者，是因为它蕴藏着转败为胜的机遇。

传世典故

范蠡帮助勾践灭吴之后，就在一个夜晚，带着珠玉宝物，与心腹亲信乘船渡海出逃了。

范蠡归隐后曾写信给大夫文种，说了一段在后世非常有名的话："飞鸟尽，良弓藏；狡兔死，走狗烹。越王为人长颈鸟喙，可与共患难，不可与共乐。子何不去？"

意思是说："飞鸟射杀完了，好弓就会被收藏起来；狡猾的兔子猎取光了，猎狗就会被煮了吃掉。越王为人很阴险，工于心计，做臣下的可以与他共患难，却不可以与他同享安乐。您为什么还不离开呢？"

文种接到信后，心中闷闷不乐。好友不辞而别，他也很孤单。这时，越王勾践日夜享乐，不像以前那样敬重自己了，有点心灰意冷，经常称病不上朝。刚好有奸人进谗言，说："大夫文种自恃有功，踞傲不朝，背地里结党营私，将要造反。"

越王勾践正好就有了处置文种的借口，他赐给文种一把剑，说："您教给我进攻吴国的七条计策，我只用了三条就打败了吴国，还有四条在您那里。您去跟随我死去的国王父亲，试试那些计策吧。"

文种愤然地说："都怪我不听范蠡的劝告，才落得这样可悲的结局啊！"说完，举剑自刎。

勾践逼死文种，不仅是因为文种已经丧失了利用价值，还因为文种的才能非常突出，勾践怕他会威胁到自己的统治权力。范蠡早就看穿了这一点，所以早早地离开越国，幸免于难。

在中国古代，"走为上"是一种常用的谋略，比如像范蠡那样在形势对自己极为不利的时候就择时离开，以躲避祸患。在现代，这一计谋也被广泛运用，比如，如果形势不利或者暂时没有成功的希望就选择退却。生意场中，要知进退，不要以为只要坚持到底就一定能成功。只知前进不知后退的人，往往会碰壁。经营和作战一样，要知道何时前进，何时撤退。要记住，为了成功，有时撤退也是必要的。只有能够真正把握时机，懂得及时退出的人，才是真正的经营高手。

第二次世界大战以后不久，松下公司接受委托经营一家濒临倒闭缝纫机公司。起初，松下幸之助认为凭自己多年的经营实践，使这家缝纫机公司起死回生是没有多大问题的。但是，由于对这方面的业务比较生疏，而且当时经营缝纫机的公司众多，市场竞争十分激烈，松下不得不寻求保身之策。

松下意识到必须及时抽身，于是便立即退了出来。松下后来很感慨地说，若当时要是考虑花了不少投资，害怕退出会有损失而犹豫不决的话，反而损失会更大，所以要下定决心立即退出，不能拘泥于名位，讲究面子。

松下公司还有一次这样勇于撤退的案例。1964年，松下公司宣布从大型事务用电脑业撤出。在此之前，松下公司已对大型事务用电脑投注了十几亿日元的研究费，并且已经达到实用化的阶段，但还是取消了这个项目。松下取消这个业务，是经过认真研究的。

有一次，松下幸之助和美国著名的大通银行副总裁会谈，松下问他，日本已经有七家公司制造大型电脑，这样下去，不可能大家都生意兴隆，并询问他的看法。这位副总裁说，姑且不论一般产业用或家用电脑，只是大型电脑，不久之后就将形成恶性竞争的局面，你还是让给别人吧。后来，松下早已对国内大型电脑业务进行调研，加上这次会谈的启发，就果断地决定撤出大型电脑业务。

后来，家用电脑和个人电脑成长神速，只有大型电脑没什么成长，松下常常暗自庆幸自己的及早退出。

松下幸之助是一个具有坚毅、刚强性格的人，更是一个懂得进退的人，所以才有松下公司的发展壮大。

智慧品读

　　"走为上"是指在敌强我弱的情况下，为保存实力而不与敌人硬拼，故意制造假象，掩护自己撤离。当然，撤退绝不是消极逃跑，撤退的目的是避免与敌主力决战。主动撤退还可以诱敌，调动敌人，制造有利的战机，是一种以退为进的策略。